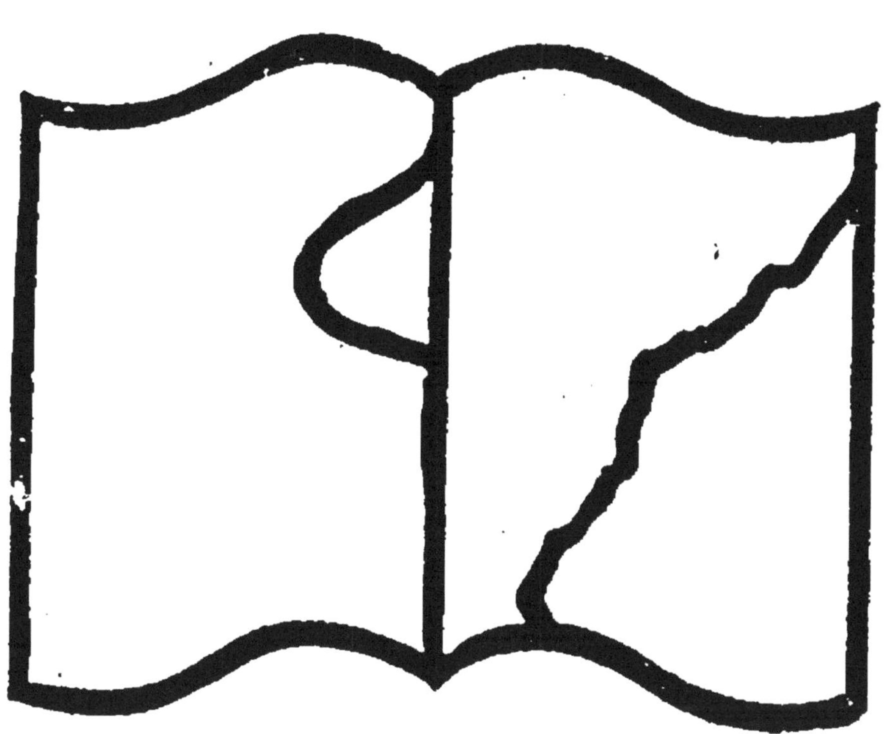

15-16-17 Avril 190

Congrès Provincial

de Saint-Brieuc

MUTUALITÉ

CONTRE LA MORTALITÉ DU BÉTAIL

ET ORGANISATION

DE LA JEUNESSE CATHOLIQUE

RENNES

JEUNESSE CATHOLIQUE BRETONNE

32, RUE HOCHE, 32

—

1900

LA JEUNE BRETAGNE

REVUE D'ÉTUDES ET D'ACTION SOCIALES

Les Abonnements partent du 1er janvier, 1er avril,
1er juillet, 1er septembre.

Membres de la Jeunesse Catholique Bretonne. **2 fr.**
Étranger...................................... **3 fr.**

La JEUNE BRETAGNE *paraît le 1er de chaque mois.*

15-16-17 Avril 1906

Congrès Provincial

de Saint-Brieuc

MUTUALITÉ

CONTRE LA MORTALITÉ DU BÉTAIL
ET ORGANISATION
DE LA JEUNESSE CATHOLIQUE

RENNES
JEUNESSE CATHOLIQUE BRETONNE
32, RUE HOCHE, 32

1906

Quelques jours avant le Congrès, un de nos amis écrivait que de tous les coins de la terre bretonne on verrait accourir à Saint-Brieuc une jeunesse ardente, dévouée, généreuse, tout heureuse de consacrer à la Cause du Christ les prémisses de ses énergies.

C'était l'âme remplie des meilleures espérances, que le Comité avait convié à ces « assises » toute la Jeunesse catholique de Bretagne, et, en vérité, le succès a comblé ses espoirs...

Il nous souvient encore des modestes débuts de notre Association en Bretagne. C'était il y a trois ans, et depuis, quel chemin parcouru ! Cinq groupes formaient alors l'effectif de la Jeunesse catholique Bretonne, et aujourd'hui, plus de 100 se rangent sous notre drapeau.

La petite graine tombée dans la glèbe a germé, et promet pour l'avenir une abondante moisson.

Décidément, cette œuvre était bénie de Dieu...

C'est le jour de Pâques ; Saint-Brieuc s'éveille dans la lumière, mais une lumière vive, pleine et joyeuse. Le temps sou-

rit au Congrès comme au Christ ressuscité, et voilà qu'aux dernières envolées des cloches de Pâques les trains amènent de Rennes, de Brest, de Vannes, de Lannion, etc., une foule de congressistes.

Mais les heures sont comptées, et chacun, sous la conduite d'un aimable guide, a vite trouvé le gîte où, pendant le Congrès, il recevra l'hospitalité.

DIMANCHE SOIR

PREMIÈRE SÉANCE

A 8 heures 1/2 s'ouvre le Congrès, dans la salle du Patronage Saint-Joseph, mise gracieusement à notre disposition par Sa Grandeur Mgr Fallières, évêque de Saint-Brieuc et Tréguier.

Trois cents jeunes catholiques chantent le traditionnel « Erauk Pautred » pendant que M. le vicaire général Morelle, délégué de Mgr Fallières, prend place à la présidence. A ses côtés, nous remarquons toutes les personnalités ecclésiastiques de Saint-Brieuc : M. le Supérieur du Grand Séminaire, M. le chanoine Barré, curé-archiprêtre de la Cathédrale, M. le chanoine Bidan, M. le chanoine Bahezre, directeur du Collège Saint-Charles, M. le Directeur de la Semaine Religieuse, etc.

MM. Gautier de Kermoal, du Breil de Marzan, de Kerangal, comte Harscouët, etc. Nos amis Louis Dubois, président de la Jeunesse Catholique Bretonne ; Harscouët de Keravel, secrétaire général ; Radenac, président du groupe Saint-Brieuc ; Robet, de la Jeunesse Catholique de Nantes.

Afin d'attirer les bénédictions de Dieu sur les travaux de l'Assemblée, M. le Vicaire Général récite le *Veni Sancte Spiritus*, auquel tout le monde répond à genoux, et la séance est ouverte.

Louis Dubois se lève et prononce cette courte.

Allocution.

MONSIEUR LE VICAIRE GÉNÉRAL,
MES CHERS AMIS,

En ouvrant ce Congrès, je ne puis défendre mon esprit de se reporter au 2 Avril 1905. C'était alors la première réunion que la Jeunesse Catholique tenait à Saint-Brieuc. Plus de 600 jeunes gens vinrent, ce jour, entendre l'éloquente parole de notre ami Georges Piot, vice-président général. Permettez-moi, Monsieur le Vicaire général, de rappeler la parole que vous citiez à cette même place il y a un an.

« La J. C. sera désormais, à mes yeux, l'association de jeunes gens
« qui mérite toutes les faveurs du clergé, et vous pouvez compter sur
« moi pour développer dans notre diocèse votre Association, qui est la
« joie des Évêques et l'avenir du pays. Vous êtes l'espérance de
« l'Église et vous nous préparez, par votre adhésion, votre discipline,
« des lendemains réparateurs. »

Ces paroles, Monsieur le Vicaire général, mais elles étaient prophétiques, car depuis un an l'*Association Catholique de la Jeunesse Française* n'a cessé de se développer dans les Côtes-du-Nord. De nombreux groupes se sont créés à la suite de Congrès à Dinan, à Sainte-Anne du Houlin, à Lannion, et de réunions, comme à Plaintel, dont je suis heureux de saluer le président, le dévoué M. Hervé, qui fut le premier porte-drapeau des couleurs de l'*Association* dans votre Diocèse.

Vous êtes au milieu de nous, Monsieur le Vicaire général, le représentant de Mgr Fallières, je vous prie donc de lui dire dès ce soir, en rentrant à l'évêché, tout le filial respect que nous avons pour Lui, de l'assurer de notre entier dévouement et de notre fidélité de jeunes et de catholiques, qui ont compris leur devoir social et qui ne sont pas de ceux dont le poète disait amèrement :

Donnez-moi vos vingt ans, vous ne savez qu'en faire.

Nous au moins, nous savons à quoi employer nos ardeurs, nos forces d'amour et de générosité. Le Congrès qui s'ouvre ce soir, mieux que toute autre chose, saura vous le prouver.

Les applaudissements qui éclatent montrent que tous les cœurs battent à l'unisson de celui de notre cher Président.

Puis c'est le tour d'un modeste ouvrier de la bonne cause, qui, sans faire beaucoup de bruit, sait accomplir de bonne besogne : j'ai nommé le Président du groupe de Saint-Brieuc, Fr. Radenac. C'est dans les termes suivants qu'il offre aux Congressistes ses

Souhaits de bienvenue.

MONSIEUR L'ARCHIDIACRE,
MESSIEURS,
MES CHERS AMIS,

C'est le cœur plein de joie, qu'en qualité de Président du Groupe de la *Jeunesse Catholique* de Saint-Brieuc et au nom de tous ses membres, je vous souhaite, à tous, la bienvenue ce soir.

Votre présence à cette réunion d'ouverture du deuxième Congrès social de l'Union de la *Jeunesse Catholique Bretonne* est pour nous une récompense et un symbole d'espérance.

L'organisation de ce Congrès nous a demandé beaucoup de travail et causé parfois des ennuis — ceci n'est point pour vous surprendre, — mais nous en sommes, dès maintenant, dédommagés.

Cette première réunion est déjà, par elle-même, un succès, et nous fait augurer de la réussite de celles qui suivront.

Nous serions presque tentés de nous glorifier de cet heureux résultat, si nous ne nous rappelions qu'en préparant ce Congrès, nous n'avons fait qu'accomplir notre devoir. Eussions-nous été moins heureux, nous n'aurions pas eu d'inutiles regrets, nous souvenant que les efforts qui n'aboutissent pas comptent quand même aux yeux de Dieu, pour qui nous travaillons.

Mais puisque le succès nous sourit, nous en sommes bien aises, nous nous en réjouissons, puisqu'il vient, pour nous, s'ajouter à la satisfaction du devoir accompli; nous le recueillons avec bonheur et avec reconnaissance pour le bon Dieu qui nous l'a ménagé.

Le succès apporte avec lui l'espérance.

Espérance pour l'*Association* en Bretagne. Un congrès a toujours été pour elle la marque d'un progrès accompli et le point de départ d'un nouveau développement. Il en sera de celui-ci comme de tous les autres. Nous nous plaisons à croire qu'en sortiront de nombreux groupes de *Jeunesse Catholique* dans notre province, et particulièrement dans les Côtes-du-Nord.

Espérance aussi pour notre groupe local. — La préparation de ce Congrès nous a découvert quelques-unes de nos faiblesses, et nous nous appliquerons à les faire disparaître ; elle nous a, par contre, fait prendre un peu plus confiance en nous-mêmes.

Les sacrifices qu'un grand nombre de nos camarades se sont imposés pour venir à ce Congrès nous ont fait mieux comprendre la valeur de notre programme. Les adhésions nombreuses que nous avons reçues nous ont procuré un véritable réconfort moral, qu'augmente encore cette première réunion, où tant de sympathies et d'encouragements nous sont prodigués.

Nous espérons devenir plus vaillants et plus affermis dans la poursuite de notre idéal.

Espoir et récompense, voilà les fruits que nous récoltons déjà de ce Congrès. Nous sommes contents de notre moisson. Mais nous ne l'avons pas seuls préparée. Nous avons été aidés dans une très large mesure, et j'ai hâte d'acquitter, au nom des membres du groupe de *Jeunesse Catholique* de Saint-Brieuc, de nombreuses dettes de reconnaissance.

Après Dieu, à qui nous rendons grâce d'avoir béni nos efforts, notre gratitude va tout d'abord à Sa Grandeur Mgr Fallières, évêque de Saint-Brieuc et Tréguier, Président d'honneur de ce Congrès. Nous La remercions d'avoir bien voulu autoriser l'*Union provinciale de la Jeunesse Catholique Bretonne* à tenir son deuxième Congrès social dans sa ville épiscopale, et de nous avoir ainsi fait grand honneur.

Nous vous sommes bien reconnaissants, Monsieur l'Archidiacre, d'être venu, dès ce soir, nous apporter à la fois et vos encouragements et les bénédictions de notre évêque. Vous ne sauriez croire quel honneur et quel plaisir vous nous avez fait, en acceptant d'être son représentant à la présidence de ce Congrès. Vous avez mis tant de bonne grâce et d'empressement dans cette acceptation, que nous croyons y voir, non seulement une approbation de nos efforts, mais encore un témoignage d'affection. Nous en sommes profondément touchés.

De tous les motifs de notre gratitude envers Monseigneur, celui de vous avoir choisi pour son représentant auprès de nous n'est pas la moindre. Nous vous prions de renouveler à Sa Grandeur, et de recevoir pour vous-même, l'expression de notre filial et respectueux dévouement.

Nous sommes bien heureux de saluer ici, ce soir, pour la première fois, M. le chanoine Barré. Si nous n'oublions pas qu'avec M. l'abbé Morelle, il doit être auprès de nous le représentant de Monseigneur, nous nous rappelons aussi qu'il est le jeune pasteur de la plupart d'entre nous. — Merci de la marque de sympathie qu'il nous donne ; nous lui promettons notre attachement et notre fidélité.

Nous tenons encore à dire à M. le chanoine Caharel, supérieur du Grand Séminaire ; à M. le chanoine Bidan, directeur de l'Institution des Sourds-muets ; à M. le chanoine Guillo-Lohan ; à M. le chanoine Bahezre, directeur de l'École Saint-Charles ; à M. l'abbé Gouézin, directeur du Patronage Saint-Joseph ; à M. le Directeur de l'École Saint-Brieuc, — combien nous leur sommes reconnaissants pour l'hospitalité qu'ils veulent bien donner aux Congressistes.

Nous vous remercions aussi, Messieurs, pour vos encouragements ; — et vous surtout, mes chers amis, venus de tous les points de la Bretagne pour fraterniser et travailler avec nous.

De ce Congrès, nous sortirons tous plus unis, mieux armés, et nous osons croire que vous emporterez le souvenir le plus agréable de l'accueil que nous vous aurons fait et que nous nous efforcerons de rendre aussi cordial que possible. (*Applaudissements.*)

Louis Harscouët de Keravel, secrétaire général, se lève quand le bruit a cessé et nous lit son rapport sur

La vie de l'« Union de la Jeunesse Catholique Bretonne ».

L'an dernier, mes chers amis, Louis Dubois, notre Président actuel, terminait son rapport en disant : « Il est temps que nous fassions parler de nous très haut, oui, de nous très haut, pour que l'on nous respecte et que l'on compte avec nous. Au travail pour Dieu, pour la France. »

Depuis un an qu'avons-nous fait ? Qu'avons-nous fait depuis les inoubliables journées de Quimper ? Je ne crains pas de le dire, nous avons travaillé dur : Evit Doué hag ar Vro.

Certes il nous reste beaucoup à faire ; nous n'avons pas encore atteint le but que nous marquait Mgr Labouré : avoir un groupe de *Jeunes Catholiques* dans chaque paroisse ; mais ne l'oublions pas, la *Jeunesse Catholique* n'est pas l'œuvre d'un homme, elle est l'œuvre de plusieurs générations, et ce que nous n'avons pu faire, d'autres le feront. Néanmoins, regardons dès aujourd'hui le chemin parcouru et voyons si nous avons rempli notre devoir.

En quelque sorte je vais donc vous justifier l'emploi de notre temps. Voyons l'organisation.

ORGANISATION.

Au Congrès de Quimper, nous comptions quarante-six groupements. — Maints endroits, notamment dans l'arrondissement de Fougères, nous donnaient l'espoir de nouvelles fondations : des amis de-ci, de-là, venaient à nous ; bref, un mouvement se préparait, et si nous étions déjà riches, nous étions encore plus riches d'espérances.

Le mois suivant vit naître trois nouveaux groupes : L'Immaculée-Conception de Dinan, Binic, Pléneuf ; tous les trois des Côtes-du-Nord. Pourtant l'Ille-et-Vilaine n'était pas inactive. Les jeunes gens de Pipriac, de Pacé, de Landéan, de Vezin se levaient à la voix de Dubois, de Jean Regnault et de nos amis de Fougères. Au mois de juillet, le Comité provincial demandait au Comité national leur affiliation ainsi que celle des groupes de Concarneau, Plédran, Saint-Étienne en Coglès et Noyal-sur-Seiche. Et ce sont les vacances, ce sont les travaux agricoles, qui dispersent les uns et les autres. Le travail d'organisation est suspendu ; le Comité national ne prononce plus d'affiliations, car ses membres ne se réunissent presque plus.

Pendant ces mois d'été pourtant, la *Jeunesse Catholique* ne cesse pas de faire parler d'elle, de ses manifestations de piété surtout.

Qui de vous ne se rappelle le nombreux et brillant pèlerinage de Sainte-Anne d'Auray, où trente et un groupes étaient représentés ? Quelques-uns même étaient venus avec tous leurs membres. Cette belle manifestation de Foi ne fut pas sans lendemain, car nous étions six

cents à Sainte-Anne du Houlin : Saint-Julien, Plaintel, Plaine-Haute,
Saint-Brieuc. Les citerai-je tous ? la liste en serait trop longue...

Nos amis du Finistère, en même nombre, se réunissaient à Notre-
Dame de Kérinec. Autre pèlerinage à Notre-Dame du Folgoët, deux
cents jeunes catholiques s'y retrouvent. A Notre-Dame de Joie, nos
amis de l'arrondissement de Pontivy, dans un pèlerinage-congrès,
montrèrent à tous que la piété de l'Association n'est pas seulement
individuelle, mais publique. Gerlier, membre
du Comité national, fit acclamer *l'Association*
dans un discours dont le souvenir est encore,
là-bas, dans toutes les mémoires. Notre ami
Connan avait convié au pied de Notre-Dame
de la Clarté nos amis du canton de Perros-
Guirec. Son dévouement reçut là sa récompense.

Puis, c'est novembre, l'apostolat de chacun
porte ses fruits, et nous recevons les affiliations
des groupes de Vannes, Pontivy, Langueux,
Plaine-Haute et Allineuc. En décembre : Le
Loroux-du-Désert, Saint-Hilaire des Landes, La
Chapelle-Erbrée, Lampaul Guimiliau, La Chapelle-Gaceline donnèrent
leur adhésion à notre programme. En février, c'est Éancé, c'est Iffendic,
Saint-Marc sur Couesnon, Renac, Luitré. En mars et en avril, Notre-
Dame des Champs, notre deuxième groupe à Hennebont, Plerguer,
Guipry, Poligné, Retiers, La Chapelle-Saint-Melaine, Langon, Saint-
Étienne et Bonne-Nouvelle de Rennes font les démarches nécessaires
et sont affiliés. Comme vous le voyez, la liste est déjà longue, et je
ne vous parle que des groupes affiliés, combien devrai-je en citer
encore, qui se réclament de la J. C. et qui sont nôtres...(1).

Je vous ai parlé de notre travail d'organisation, de nos manifestations pieuses, laissez-moi vous dire quelques mots des Congrès
d'études : de Dinan, de Fougères, de Rennes et encore de Dinan.
L'importance des questions étudiées ne vous échappera pas. Ce sont
l'organisation et la vie d'un cercle d'étude de la J. C. — L'organisation
d'une paroisse rurale au point de vue social et le rôle qu'un groupe de

____

(1) Je ne parle pas non plus de la J. Nantaise.

J. C. peut y jouer. — Statuts et règlements applicables à une Union d'arrondissement. — Les habitations ouvrières.

A Rennes le Congrés avait été préparé par une enquête portant sur toutes les communes du département.

Rarement réunion fut plus enthousiaste que celle de Lannion, une bonne part de cet arrondissement se montre sympathique à nos idées.

LA JEUNE BRETAGNE.

Puisque je vous parle d'étude permettez-moi d'attirer votre attention sur les nombreux documents qu'offre la *Jeune Bretagne*. Elle présente des articles d'histoire, de sociologie, d'agriculture, qui méritent d'être signalés à l'attention de tous. L'histoire de Bretagne, les saints bretons y sont étudiés par des maîtres en la matière. Qui ne sait le nombre d'erreurs historiques dont on se fait une arme contre l'Église : le procès de Galilée entre autres, de tels sujets y sont traités.

En sociologie, vous trouvez l'objet de nos études de demain, les Mutuelles-Bétail, traitées par M. de Laubier. Des travaux remarquables sur les syndicats, faits par nos amis de Pont-Croix et de Binic, sur les syndicats agricoles, les Penn-Ti. — Les salles de lecture populaires, les salaires, la situation des domestiques à la campagne. Nous avons publié dans la *Jeune Bretagne* en un an :

27 articles concernant la vie et la doctrine de l'A. C. J. F.
22 — de sociologie.
9 — d'histoire.
5 — concernant la technique de l'agriculture.

De plus, chaque mois, une chronique sportive, dix pages restant consacrées à la chronique de nos groupes et à la chronique sociale. Des feuilles spéciales, roses, restent affectées à la bibliographie et aux renseignements généraux utiles à tous nos amis.

Laissez-moi vous dire, avant de passer à un autre sujet, et cela pour faire plaisir à notre ami Jumelais et à son successeur, que nous avons édité depuis le Congrés de Quimper plus de 18 000 *Jeune Bretagne* et que le nombre des abonnés s'accroît chaque jour, et tellement, qu'il nous faudra encore augmenter le tirage, dont la moyenne actuelle est de 1 300 par mois.

Les rapports de notre dernier Congrès provincial et leur discussion, édités à 2 000 exemplaires, forment une source précieuse de documents, et l'accueil que cette brochure a reçu de nos amis et du public est un encouragement pour nous dans cette nouvelle voie.

La Propagande.

Mais passons au service de la propagande. Ce service, qui date de deux ans, nous a permis de répandre en Bretagne cette année plus de

> 4 000 tracts sur l'association,
> 5 000 tracts et 300 affiches sur la séparation,
> 6 000 marches de la *Jeunesse Catholique Bretonne*,
> 400 brochures de l'Action populaire

et nombre d'ouvrages sociaux qui nous sont demandés par nos amis. Vous dirai-je quelques mots du *Service des Projections* qui faisait ses débuts à Quimper l'an dernier? Le nombre de ses abonnés est d'une quarantaine, qui ont à leur disposition 84 séries, dont 23 séries comiques et 61 séries diverses, concernant la religion, les questions sociales, industrielles, historiques et scientifiques.

Les conférences faites avec nos vues pour projections montent au chiffre de 234, dont 72 ont été données par les jeunes gens du service de Rennes.

Et notez que ce service est suspendu du mois de juin au mois d'octobre et qu'en dehors de lui, nos amis, pendant le mois de janvier, ont dû donner des conférences sur la *Jeunesse Catholique et la loi de Séparation*. Et ici je ne parle que de nos amis de Rennes, je ne parle que du mois de janvier pris comme exemple. La plupart du temps chaque dimanche il nous faut être dans trois ou quatre paroisses à la fois; c'est à peine si nous suffisons aux demandes.

Rennes, pourtant, est puissamment secondé par une *école de conférenciers*, fondée récemment, au mois de novembre; ses résultats ne se sont pas fait attendre, et qu'il me soit permis, en passant, de rendre un discret hommage à son directeur. Son zèle et son dévouement pour la *Jeunesse Catholique* se dépensent sans compter. Je n'insisterai pas sur les *Salles de Lecture populaires* récemment organisées, récemment fondées; deux fonctionnent déjà, deux autres sont en préparation; je laisse à mon ami Bertin-Bouvet, qui se dévoue corps et âme à leur création, le soin de vous en entretenir ; il le fera demain soir.

Tel est le tableau bien incomplet, bien imprécis, que j'ose à peine vous présenter tant.il donne une faible idée de l'activité qui a régné parmi nous durant l'année qui vient de s'écouler. Quoi qu'il en soit, d'un bout de la Bretagne à l'autre, de Fougères à Brest, de Nantes à Saint-Brieuc, nous n'avons eu qu'un désir, rester dignes de cette parole que S. S. Pie X nous adressait à Rome : « Je suis content de vous, devant Dieu et devant les hommes. » — Travaillons donc, la victoire n'appartient qu'aux hommes qui veulent fortement, et surtout, qui veulent longtemps. Nous voulons que la France reste la fille aînée de l'Église. A l'ouvrage, mes chers amis, c'est pour Dieu et la Bretagne !

La lecture de ce rapport est vivement acclamée. Elle prouve l'activité sans cesse croissante des membres de la *Jeunesse Catholique*. Elle manifeste la vie intense qui anime notre Union provinciale et montre que, sans faire beaucoup de bruit, elle accomplit de bonne besogne.

Ce regard jeté sur l'année écoulée ne peut être que profitable : il ranime l'espérance en montrant les progrès accomplis et enseigne la prudence en découvrant les fausses manœuvres.

M. l'archidiacre Morelle se lève alors et, avec une grâce et une éloquence toute pétillante d'esprit, adresse un magnifique discours, que nous ne pouvons, malheureusement, que résumer.

M. le Vicaire général se défend d'avoir accepté avec bonheur, comme on l'a dit, de présider ce congrès, parce qu'alors il était malade ; mais Louis Dubois, en habile avocat, a su trouver de bonnes raisons pour le décider à accepter. Puis notre Président lui avait prédit sa guérison et, en effet, il s'est senti guéri.

Et depuis la première fois que je vous ai vus, mes chers amis, je vous ai trouvés charmants, et plus je vous examinais, je vous trouvais de plus en plus charmants. Pouvais-je résister au bonheur de venir m'asseoir avec vous ?

M. Morelle nous dit les regrets de Sa Grandeur Mgr Fallières de ne pouvoir prendre place au milieu de nous.

Mais les ans ont fait leur œuvre, et il n'a pu venir ce soir. C'eût été pour lui une grande satisfaction de lever sa main bénissante sur ces fronts de jeunes gens vaillants et généreux qui affrontent l'avenir avec une âme sereine.

Si je suis ici, continue M. l'Archidiacre, son représentant, je le dois aussi à une autre influence, je le dois à une complice et sans elle je ne serais pas venu : c'est l'Auvergne. Monseigneur a confié la direction des œuvres de son diocèse à M. le vicaire général de la Villerabel, mais il prêche le Carême là-bas, où il avait été demandé, c'est ce qui me vaut le plaisir de causer avec vous.

Et M. le Vicaire général remercie très gracieusement les organisateurs de ce Congrès, qui s'annonce si brillant, les orateurs de ce soir et des jours suivants dont les conseils seront d'une grande utilité.

Je suis donc heureux de confesser ma joie d'être au milieu de vous, au milieu de la *Jeunesse Catholique Bretonne.*

Vous êtes la *Jeunesse.* Quand je suis entré, c'étaient des explosions de vie, une vie qui a besoin de s'épanouir. La jeunesse ! je ne sais pas ce que c'est, je n'ai pas de définition. Si j'entre dans un jardin, je vois une plante, je vois la tige, je vois la fleur, je vois le fruit, la sève : la jeunesse, c'est tout ça. Si je vais dans une forêt, je vois un arbuste qui grandit et demain sera le chêne vigoureux, résistant, que l'orage ne parviendra pas à déraciner, le chêne qui oppose à tous les assauts une résistance invincible : la jeunesse, c'est encore cela. La jeunesse ! c'est un soleil, c'est une aube, avec des lumières qui blanchissent, qui promettent des lendemains glorieux, patriotiques et français ; vous êtes tout cela. Quelle belle chose que la jeunesse ! Nous regardons l'avenir sans trembler, parce que vous êtes là. Je suis content parce que je me trouve au milieu de la jeunesse.

Vous êtes plus que des jeunes, vous êtes la *Jeunesse Catholique,* c'est votre étiquette ; c'est-à-dire que vous êtes des baptisés, oui, mais vous n'êtes pas confondus dans le vulgaire. Des baptisés ! il y en a plein la France, mais au grand nombre, leur baptême ne leur a permis que d'être des apostats. Ils ont gratté leur baptême, mais ils n'ont pas réussi à l'effacer. C'est une empreinte qui ne s'efface pas. Mais vous, vous êtes des baptisés et des catholiques. Catholiques, parce que vous êtes hiérarchisés. Vous pourriez être chrétiens et n'être pas catholiques. Vous aimez vos prêtres, les prêtres leurs évêques, les évêques leur Pape. Vous regardez vers le Vatican et vous voyez la figure du bon Pape, qui s'appelle Pie X. Je veux que de cette salle vous lui envoyiez l'hommage de votre amour et de votre filial respect ! (*Nombreux cris de Vive Pie X ! Vive le Pape !*)

Vous êtes encore plus chers à mon cœur, et j'espère surtout en vous parce que vous êtes des *disciplinés*. Vous avez des chefs, ils sont au milieu de vous, ce sont vos prêtres. Vous êtes disciplinés, car vous acceptez le mot d'ordre du Ciel, par le Pape, qui le communique à vos évêques, et vos évêques à vos prêtres ; c'est pourquoi j'ai confiance en vous.

Vous êtes la *Jeunesse Catholique Bretonne*. Breton, c'est encore quelque chose de plus. Un Breton, vous ne savez pas ce que c'est : on ne se connaît pas soi-même. Vous êtes trop modestes pour vous connaître vous-mêmes, moi je le sais bien, je ne suis pas Breton, j'ai observé. Un Breton, ce n'est pas être comme tout le monde ; c'est plus résistant, c'est du granit, c'est du chêne, quelque chose de très dur, d'un esprit un peu rêveur, comme les brumes. Un Breton, c'est quelqu'un qui a un grand charme, c'est très bon. Il a les yeux bleus comme les flots de l'Océan ! Un Breton, c'est une âme profonde comme les vallées de cette vieille Armorique. Un Breton, c'est quelqu'un fait de la solidité du granit et de la fidélité du chêne, attaché à ses vieilles traditions ; c'est quelqu'un qui est attaché à son Pape, à son évêque, à ses prêtres ; c'est quelqu'un qui a le culte du Pape et qui a inventé le zouave pontifical et le Denier de Saint-Pierre ! (De nouvelles acclamations de *Vive le Pape ! Vive Pie X !* accueillent ces paroles).

Je termine par un vœu, c'est que votre Congrès soit un congrès utile. Vous venez ici pour faire œuvre sociale, vous allez rencontrer des frères aînés, des hommes d'expérience, je veux que vous partiez d'ici aussi jeunes, mais plus expérimentés, aussi catholiques, mais plus unis encore pour la lutte, avec des âmes mieux trempées.

Vous êtes catholiques, soyez Bretons demain, soyez Bretons toujours!

On ne saurait redire l'ovation faite à M. le vicaire général Morelle. Elle ne cesse que pour réciter la prière qui doit terminer cette première réunion. C'est l'âme joyeuse et remplie d'espérance que les congressistes regagnent le logis qui doit leur donner abri pour la nuit.

Le Légué. — Tour de Cesson.

DEUXIÈME JOURNÉE

LA MESSE DU CONGRÈS

Dès 7 heures, la foule des Congressistes se presse aux portes du Patronage Saint-Joseph. On doit, en effet, se rendre en groupe à la Cathédrale. Il fait un soleil magnifique, plus de vingt drapeaux, aux riches et éclatantes couleurs, flottent au vent. De nouveaux amis arrivent encore. Le cortège s'organise, et la *Jeunesse Catholique* défile dans les rues de Saint-Brieuc.

La cathédrale est bientôt envahie. Au grand orgue, on exécute la marche de l'Union, l'*Erauk Pautred.* Dans les stalles du chœur de nombreux chanoines et ecclésiastiques de Saint-Brieuc et de toute la région ont pris place. Nous reconnaissons M. le Vicaire général Morelle, MM. les chanoines Bidan, Le Coqû, Laurent, Cadiou, secrétaire de l'Évêché. C'est M. le chanoine Bahezre, directeur de l'École Saint-Charles, qui célèbre le saint Sacrifice. A l'Évangile, M. l'archiprêtre Barré, curé de la Cathédrale, monte en chaire et prononce un éloquent discours.

Discours de M. l'abbé Barré.

MESSIEURS ET CHERS AMIS,

Le temps liturgique, que nous vivons en ces jours, a rappelé à notre pensée catholique les plus grands, les plus émouvants souvenirs de notre sainte religion. Deux mots résument ces souvenirs : Passion, Résurrection.

Le Défilé de la Jeunesse Catholique.

Un soir, le parti du mal était représenté en ce temps-là par les Pharisiens, les Princes des prêtres juifs, les Docteurs de la Loi organisèrent la Passion du Christ. Le plan était habilement conçu; il fut rapidement exécuté.

Le Christ est chargé de chaînes; sur Lui pleuvent les outrages en même temps que les coups : le Tribunal de Caïphe par haine le condamne; celui de Pilate par faiblesse confirme la sentence. Et après quelques heures de tortures, de tourments sans nom, c'est la mort de l'Homme-Dieu, au Calvaire, sur une croix.

Les mauvais triomphent; enfin leur plan a réussi : le Christ est au tombeau.

Les amis eux-mêmes, les Apôtres, attristés, découragés, se sont dispersés : les merveilles des trois dernières années sont pour eux comme un rêve, dont on se réveille dans une brutale réalité : le Christ est au tombeau, et le tombeau ne rend point ses victimes.

Mais voilà que le terme fixé par Dieu au triomphe des méchants est arrivé. Du fond de son sépulcre Jésus se relève lui-même, plein de vie, vainqueur d'un ennemi que les hommes ne pourront jamais vaincre : la mort. La pierre énorme n'est pas un obstacle; les gardes éblouis tombent à la renverse; Jésus apparaît radieux dans toute la gloire de sa Résurrection.

On croyait que tout était fini; au contraire, c'est maintenant que tout va commencer: la gloire, la puissance, la royauté de Jésus-Christ, comme un immense jet de lumière et de vie, jaillissent de ce tombeau où l'on avait cru l'ensevelir à jamais.

Passion et Résurrection; chaque année l'Église se plaît à marquer dans sa liturgie ce violent contraste, en mettant le jour de Pâques à succéder aux tristesses de la Semaine Sainte : heureuse leçon d'histoire pour toutes les générations.

Il se trouve, Messieurs, que vous avez choisi ce temps liturgique pour la réunion de votre Congrès; et il me semble qu'il y a quelque chose d'heureux dans ce choix : c'est bien sa place et sa date de se tenir au milieu des Fêtes de Pâques; car dans votre Œuvre de jeunesse, je vois tous les caractères heureux d'une de ces Résurrections qui réjouissent l'Église, en même temps qu'elles font briller, au sein de notre pauvre société, une consolante lumière, une espérance.

Vous le savez, il est dans la destinée de l'Église de revoir souvent le temps de la Passion, d'en subir tous les outrages, d'en éprouver toutes les désespérances.

Cette Passion sans cesse renaissante, ce sont les époques malheureuses où le parti du mal, instruit par l'expérience de ses nombreuses défaites, se réorganise d'une façon plus savante et revient à l'assaut avec plus de ruse et d'habileté.

Nous sommes à l'une de ces époques qu'on peut appeler vraiment une nouvelle Passion de l'Église; nous assistons à l'un de ces combats gigantesques que le monde et l'enfer livrent à leur éternel Vainqueur. Ils se sont ligués dans un suprême effort et ils ont dit : cette fois, ce sera la fin; ce que n'ont pu faire les dix-neuf siècles qui nous ont précédés, le vingtième l'accomplira.

Et eux aussi ont creusé une tombe immense, et ils se bercent de l'espoir d'y coucher le Christ et son Église, ses congrégations, toutes ses institutions, qui ont fait la gloire de notre France.

Nous l'avons vue commencer, l'œuvre de mort, et nous la voyons se continuer lentement, méthodiquement, prudemment. Ils s'en vont à travers la société, éteignant une à une les lumières de la foi, déchristianisant tout, habituant peu à peu le peuple de France à voir disparaître toutes traces de religion, jusqu'au jour où ils auront fait la nuit, la nuit complète, la nuit du tombeau de la foi.

Vous avez vu violer la sainteté et l'inviolabilité du mariage par la loi du divorce.

Vous avez vu laïciser les écoles et les hôpitaux; vous avez vu disperser et dépouiller les congrégations religieuses.

Par des mesures légales, on a supprimé les prières publiques du Parlement et des tribunaux. On a effacé du serment judiciaire ce qui en faisait le caractère religieux ; on a banni des écoles, des tribunaux, de l'armée, de la marine, tout acte, tout emblème qui pouvait, d'une façon quelconque, rappeler la religion.

Dernièrement encore, brutalement on a porté à l'Église un autre coup, en brusquant la séparation de l'Église et de l'État, dans des conditions d'outrage et d'injustice que le Souverain Pontife a flagellées.

La voilà l'œuvre de mort, l'œuvre néfaste qui s'avance graduellement au travers de toutes nos institutions pour y étouffer l'esprit chrétien.

Parmi les ruines déjà accumulées, il en est une sur laquelle nous gémissions avec plus de douleur ; c'est l'éducation religieuse de nos enfants, de nos jeunes gens, remplacée par l'éducation de l'école neutre.

Quels résultats n'étaient pas à craindre ! Faudrait-il donc se résigner à voir, en masse, notre jeunesse déserter les coutumes des ancêtres, et pervertie par des doctrines malsaines, s'en aller dans les sentiers du vice, de l'imprécation, de l'insolence et du blasphème : cruelle passion pour l'Église de France !

Mais voici que des lumières de résurrection brillent, et justement elles s'allument dans vos rangs à vous, jeunesse de France, et elles arrivent à nos cœurs comme de chauds rayons d'une bonne et douce espérance.

Des jeunes gens de bonne volonté, en petit nombre d'abord, se sont mis en tête de rétablir l'ordre social chrétien si attaqué, si compromis.

Cette idée, ils l'étudient avec ce bel enthousiasme qui fait le charme de la jeunesse.

La grandeur de la tâche, bien loin de les effrayer, les excite.

Ils lancent leur appel à tous les jeunes catholiques de France ; les adhésions arrivent nombreuses ; il se trouve que l'initiative de quelques-uns répond aux désirs, aux besoins d'un grand nombre.

Et alors on a vu, dans tout le pays de France, s'épanouir ce magnifique mouvement des jeunes, ces mouvements de jeunesse qui sont un des plus beaux spectacles de notre xxᵉ siècle.

Oh ! oui c'est une belle espérance de résurrection, Messieurs, que vous avez fait naître dans nos cœurs catholiques. Car, ce n'est pas seulement une flamme éphémère que vos volontés ont allumée, c'est un feu ardent nourri de dévoûments généreux, d'efforts intelligents et tenaces ; il a produit déjà et produira encore un bienfait social immense.

Ce qui m'en donne la conviction, Messieurs, c'est, en étudiant votre programme, d'y avoir constaté la sagesse de votre organisation : vous voulez être des hommes d'œuvres et vous en prenez les bons moyens.

L'homme d'œuvre est un homme de foi ; voilà pourquoi vous avez inscrit en tête de votre programme, comme premier chapitre : la piété.

Vous avez compris que vos œuvres catholiques doivent être, avant tout, surnaturelles, pour tendre efficacement au but que vous vous proposez : le salut de vos frères.

En effet, la foi, non seulement théorique mais pratique, c'est la vertu fondamentale du jeune catholique.

C'est par la foi théorique que son âme est illuminée de l'éternelle vérité, celle que Dieu a révélée, celle que l'Église publie et qui jette tant de clarté sur tous les problèmes de la vie.

C'est par la foi pratique, qu'il entreprend la réforme de soi-même d'abord, avant de la vouloir et de la chercher pour les autres.

C'est alors que possédant une foi raisonnée et convaincue, solidement établie sur des preuves dont vous pouvez rendre compte, vous devenez non seulement des soldats de la foi mais des apôtres de la foi ; non seulement vous la défendez mais vous la propagez, vous l'affirmez au grand jour, vous l'affirmez en public ; c'est là une superbe protestation contre le respect humain ; la force de votre exemple entraînera la foule des timides et des hésitants.

— L'homme d'œuvre doit être aussi un homme de science sociale, et voilà pourquoi vous avez inscrit au deuxième chapitre de votre programme ce mot : Étude. Vous voulez être vraiment des ouvriers de la pensée. Ah ! quel vaste champ s'ouvre devant vous, et combien vous y ferez d'abondantes et fructueuses récoltes, vous qui vous laissez guider par les lumières de la foi et les forces vives de la charité.

Dans les causeries de vos cercles d'étude vous abordez avec l'ardeur de vos vingt ans, avec la fraîcheur de votre jeune intelligence les problèmes angoissants de l'heure actuelle : question du travail et du salaire, question des coopératives, question des syndicats, question des loyers et des habitations ouvrières. Vous réfléchissez, vous discutez, vous vous documentez par de judicieuses enquêtes. Mais comme votre ambition n'est pas seulement de posséder ces questions en elles-mêmes ; comme votre ambition est de faire pénétrer dans les masses les idées sociales, vous étudiez les meilleurs moyens de persuasion.

Ainsi vous vous formez et vous nous donnerez un jour une légion de ces conférenciers populaires précis, documentés, pleins d'assurance, que réclament les temps nouveaux. On vous verra au milieu du peuple ; on vous verra pénétrer dans les ateliers, dans les chantiers, avec vos idées, vos arguments simples et saisissants qui détruiront les inepties et les sottises avec lesquelles nos adversaires ne cessent de leurrer le pauvre peuple.

— Et en effet, mes chers amis, vous avez un troisième chapitre à votre programme et j'y lis ce beau mot: action.

L'homme d'œuvre est avant tout, et surtout, un homme d'action. « La vie ne vaut que par l'action, » disait un jour le valeureux Morès, ce Français à l'esprit si chevaleresque et si entreprenant; c'est là une belle pensée et une grande vérité; le plus important service que nous puissions rendre à notre temps et à notre pays, c'est de lui fournir des hommes d'action.

L'homme d'action, tel que nous nous en faisons l'idée, c'est un être de volonté forte, impatiente de se produire et d'agir.

C'est un esprit pratique, net, juste, qui voit à la fois le but et les moyens pour l'atteindre.

Il est rempli de tact et d'à-propos; il possède à la fois la force et la bonté; sa force est douce; sa vertu est aimable; il est bienveillant pour les autres.

Cet homme d'action, il est en germe dans beaucoup de jeunes; car la jeunesse c'est l'âge des nobles sentiments et des actions généreuses; il s'agit de le dégager, de le sculpter, de le former; c'est encore l'œuvre de vos cercles d'étude, de vos assemblées, de vos congrès.

Vous le formez en inculquant à la jeunesse française le vif désir d'utiliser sa vie, de s'en servir pour les saintes causes qui intéressent l'Église et la Patrie.

Vous le formez en lui fournissant des raisons de vivre, en lui montrant qu'il y a quelque chose à faire, en lui mettant entre les mains une œuvre pratique, utile, bien déterminée, dont il aura la responsabilité, et à laquelle il s'intéressera et se donnera.

Messieurs, je n'ai fait que commenter brièvement votre programme, et ces simples paroles font surgir dans nos esprits une multitude de résultats que la société peut désormais espérer de votre foi et de votre dévoûment.

Ah! je comprends que vos œuvres de jeunesse soient à la fois la terreur de l'impiété et la consolation de l'Église.

Les mauvais ont peur de vous et de vos œuvres, ils ont peur de vous voir un jour peupler l'armée, la magistrature, l'industrie, le commerce, parce qu'ils savent que vous porterez partout avec vous votre esprit chrétien, votre zèle, votre fière indépendance, votre conscience incorruptible.

Ils ont peur de votre contact avec la classe ouvrière, parce que'ça été jusqu'ici pour ainsi dire leur fief, et ils s'en servaient comme d'une armée au service de leurs ambitions, tandis que vous voulez la délivrer de ce joug avilissant et la régénérer.

Mais si vous êtes le cauchemar de l'impiété, vous êtes l'espérance de l'Église. Au milieu de la passion qu'elle endure, vous lui permettez d'espérer que bientôt ce sera une nouvelle et glorieuse résurrection, une floraison de vie catholique dans notre cher pays de France.

Soyez à nc fidèles à vos principes et à votre programme, mes chers amis, continuez hardiment votre œuvre des jeunes.

Soyez fiers de votre intelligence, parce que bien loin de l'abreuver aux sources fangeuses, vous l'alimentez aux sources vives de la justice et de la vérité.

Soyez fiers de votre cœur, parce que ses affections sont acquises à de belles et saintes causes.

Soyez fiers de vos lèvres, parce que vos discours seront toujours empreints de sagesse et de loyauté.

Mon vœu, en terminant, c'est que vous vous recrutiez nombreux, que vous vous multipliiez jusqu'à devenir, non seulement une légion, mais une armée, et comme le disait le P. Lacordaire à ses jeunes gens, l'Église s'entourera de vous comme d'une jeune garde d'honneur qui la défendra comme autrefois la poitrine de ses martyrs et l'épée de ses docteurs. AINSI SOIT-IL.

La Messe continue, les âmes toutes pleines des douces et fortes pensées que nous venons d'entendre entonnent le vieux *Credo*, qui a tant de fois résonné sous les voûtes séculaires de l'antique cathédrale. Les mânes des ancêtres semblaient prendre part à notre fête, et les catholiques des âges passés redire, avec la Jeunesse Catholique du xxᵉ siècle, le *Credo* qui ne change pas, symbole de sa foi et de son espérance.

Nous étions si nombreux, qu'il fallut nous distribuer la sainte Communion dans le chœur, et non à la chapelle du Saint-Sacrement, comme c'est l'usage. Un colloque divin s'engage entre Jésus et les âmes; c'est la paix, la joie..... Après avoir reçu Jésus-Christ dans nos cœurs, le divin Maître, du haut de son ostensoir d'or nous donna sa bénédiction.

DEUXIÈME SÉANCE DE TRAVAIL

Vers 9 heures la salle du Patronage Saint-Joseph est remplie. Nos camarades sont là, au nombre de 500 — mais ce chiffre va considérablement grossir dans la journée.

Chaque train amène de nouveaux congressistes. Il en vient de tous les coins de la Bretagne.

On se dérange donc pour assister à un Congrès de la *Jeunesse Catholique*? Quand nous disons, dans nos revues, que l'*Association* s'étend jusque dans le fond de nos campagnes et de nos landes, ce n'est donc pas un vain mot? Eh! non, voyez ces costumes bretons du Léon, du Vannetais, du Trecorrois, voyez ces blouses d'Ille-et-Vilaine sur lesquelles on a attaché avec soin la Croix de l'*Association*, voyez tous ces amis qui viennent prendre part aux Assises de la Jeunesse!...

M. le comte de Laubier, secrétaire de l'*Action libérale populaire d'Ille-et-Vilaine et des Syndicats agricoles d'Ille-et-Vilaine*, préside. M. le chanoine Barré est à ses côtés.

Après la prière, la séance commence et la parole est donnée à Joseph Lamort, président du groupe l'*Ajonc d'Or*, de Plouër.

Les Caisses mutuelles contre la Mortalité du Bétail.

(Rapport présenté par JOSEPH LAMORT, du groupe de l'*Ajonc d'Or*, de Plouër).

MES CHERS AMIS,

Parmi les chances mauvaises qui menacent le cultivateur, la plus redoutée, je pense, est la perte de ses bestiaux. Elle est redoutable.

Ses bestiaux constituent, en effet, une bonne partie de son avoir. Ce sont ses compagnons, ses instruments de travail. Il compte sur les profits qu'il en retirera pour équilibrer son budget, faire un achat ou une amélioration et glisser, si possible, quelques écus dans son bas de laine. La perte d'un seul dérange toutes ses combinaisons, jette le désarroi dans ses finances, le contraint le plus souvent à emprunter, car il faut remplacer l'unité qui manque. Et le voilà un boulet au pied, un boulet dont il sent le poids et qu'il traînera peut-être des années, peut-être toujours.

Et si son malheur est plus grand encore? si une épidémie s'abat sur son bétail et vide en quelques semaines son étable ou son écurie? C'est rare, mais cela arrive.

La contribution des sinistrés aux 30 millions (1), chiffre auquel on évalue la perte annuelle moyenne du bétail en France, est évidemment très variable. Combien y sont pour des valeurs considérables?

On devait chercher à se garantir contre de tels risques, à échapper à de pareilles calamités. On s'assure contre l'eau, contre le feu, pourquoi ne s'assurerait-on pas contre la mortalité du bétail?

On y est venu, mais tard. Non pas « par inertie et imprévoyance de « la part des cultivateurs (2) », mais parce que longtemps on ne trouva pas d'assureurs. Les compagnies à primes fixes n'avaient pas réussi dans ce genre d'assurances, elles avaient rencontré des difficultés qu'elles n'avaient pas surmontées : « insuffisance de statistique pour « la fixation des tarifs qui doivent suivre les chances de mortalité, très « variables suivant les régions ; mauvais recrutement des agents lo- « caux, aggravation de la mortalité imputable à la fraude ou au « manque de soins de la part des assurés, impossibilité de contrôler « efficacement les sinistres et leurs causes, (etc.) » (3).

On finit par reconnaître « que seule la mutualité pouvait conduire à « une bonne organisation de l'assurance du bétail. »

Il se fonda donc de grandes sociétés d'assurances mutuelles contre la mortalité du bétail, des sociétés rayonnant sur plusieurs départements, véritables compagnies d'assurances. Elles ne donnèrent pas

(1) Comte DE ROCQUIGNY, *Assurance mutuelle de bétail*, page 9.
(2) ID., *ibid.*, page 10.
(3) ID., *ibid.*

satisfaction. On leur reprocha leurs tarifs trop élevés : leur taux moyen était de 3,40 % de la valeur du bétail assuré. Leurs frais généraux étaient d'ailleurs considérables.

Il fallait trouver mieux.

La loi du 21 mars 1884 venait de permettre aux cultivateurs de se grouper en syndicats ayant pour objet « l'étude et la défense des inté- « rêts agricoles. » On songea de divers côtés à user des nouveaux droits concédés pour former des *Associations* à petit rayon, commu- nales, cantonales au plus, dont les membres se garantiraient mutuel- lement contre les pertes occasionnées par la mortalité du bétail. La véritable voie était trouvée. Ces petites sociétés réussirent et firent souche. Les rapports officiels signalèrent leur vitalité et leur succès (1). Des circulaires ministérielles (2) invitèrent les préfets à les encourager par des subventions qui furent assez libéralement accordées (3).

Au 30 juin 1902, il en existait 2 900 en France. Nul doute que depuis leur nombre ne se soit considérablement accru.

Les caisses mutuelles s'étaient fondées en se réclamant de la loi du 21 mars 1884 sur les syndicats professionnels.

A la vérité, cette loi du 21 mars 1884 ne dit pas un mot des caisses mutuelles contre la mortalité du bétail. On n'a jamais prétendu non plus qu'elle les autorisât explicitement. On jugeait seulement que le texte de son article 3 est assez large pour les abriter.

« *Les syndicats professionnels, dit en effet ce texte, ont exclusivement* « *pour objet l'étude et la défense des intérêts économiques, industriels,* « *commerciaux et agricoles.* »

« Se prémunir contre le risque de la mortalité des animaux de ferme » n'est-ce pas, comme le dit M. de Rocquigny (4) dans son ou-

---

(1) Exposé des motifs d'un projet de loi déposé à la Chambre des députés par M. Viger, ministre de l'agriculture, le 24 avril 1894, ayant pour but de créer avec le con- cours de l'Etat des caisses d'assurances mutuelles destinées à secourir les agriculteurs victimes de la grêle, de la gelée et de la mortalité du bétail.

(2) *Officiel*, 5 mars 1902.

(3) Dans la période qui s'étend du 1er janvier au 16 juillet 1900, leur chiffre s'est élevé à 172.650 francs, répartis entre 413 sociétés dont toutes, sauf 4, sont des assurances contre la mortalité du bétail. L'enquête nous donnera d'ailleurs des renseignements à ce sujet.

(4) *Op. cit.*, page 87.

vrage sur « l'assurance mutuelle du bétail, n'est-ce pas » un intérêt économique agricole ? Et créer des sociétés spéciales dans ce but ou étendre les opérations des syndicats agricoles à cet objet, qu'est-ce autre chose que défendre cet intérêt ? On rentre donc dans les termes de l'article 3. Et les sociétés mutuelles indépendantes ou non des syndicats agricoles, en règle avec les prescriptions de la loi du 21 mars 1884, sont donc rigoureusement légales.

C'était l'avis de beaucoup, notamment de celui dont la parole doit faire autorité en la matière, de l'auteur même de la loi, M. Waldeck-Rousseau. Je pourrais vous donner le texte d'une consultation donnée par lui à ce sujet et consignée par M. de Rocquigny dans son ouvrage (1). Ce serait trop long. Et inutile, car aujourd'hui il n'y a plus de doute possible.

Une loi de 1900, du 4 juillet, sur les Associations mutuelles, dit en effet dans le § 2 de son article unique que les sociétés ou caisses d'assurance agricole *« pourront se constituer en se soumettant aux pres-« criptions de la loi du 21 mars 1884, sur les syndicats professionnels. »*

Les sociétés mutuelles constituées suivant les prescriptions de la loi de 1884 sont-elles soumises aux formalités et aux frais prescrits par la loi du 24 juillet 1867 et le décret du 22 janvier 1868 relatifs aux sociétés d'assurances ? Ces formalités sont assez minutieuses et compliquées et elles sont sanctionnées par des pénalités. Quant aux frais, ils sont élevés. Je cueille cet exemple dans M. de Rocquigny (2).

« Voici, dit-il, quels ont été les frais de constitution de la mutuelle cantonale de Bennecey-le-Grand (Saône-et-Loire) :

Acte notarié et publications.....................	225f »
Enregistrement..................................	8 »
Dépôt au greffe.................................	8 20
TOTAL.....	241f 20

« Il est à noter, ajoute-t-il, que ces frais seraient à peu près les « mêmes pour une petite société simplement communale. »

La question présente donc de l'intérêt. Le développement des mutuelles en dépendait, de l'avis de tous. Grever les petites mutuelles de

(1) *Op. cit.*, pages 98 et sq.
(2) *Op. cit.*, page 18 (note).

telles charges c'est les empêcher de naître. Malgré ses répugnances personnelles, M. Lyon-Caen, se plaçant au point de vue juridique, ne croyait pas qu'il fût possible de soustraire ces sociétés aux prescriptions de la loi de 1867 et du décret de 1868. Une jurisprudence de la Cour de cassation, remontant à 1880, qui ne s'était pas appliquée à cette époque, et pour cause, aux sociétés mutuelles qui nous occupent, et qui ne s'est pas exercée contre elles depuis, semblait appuyer son opinion.

M. Waldeck-Rousseau, lui, était d'un avis différent : « La loi de 1884, « disait-il, est une loi spéciale qui s'applique à une catégorie particu- « lière : les syndiqués professionnels. Elle est, à vrai dire, une loi d'ex- « ception (1). » Il ajoutait qu'elle se suffisait à elle-même, que d'ailleurs « les associations se distinguent par un point essentiel des associations « de droit, comme en fait d'assurances mutuelles : elles ne peuvent se « former qu'entre personnes exerçant la même profession. C'est assez « dire qu'elles échappent à la loi qui régit les assurances mutuelles « formées entre toutes personnes (2). »

Le législateur de 1900 a donné raison à M. Waldeck-Rousseau.

Le 1er § de la loi du 4 juillet dit en effet que : « *Les sociétés ou cais-* « *ses d'assurances agricoles qui sont gérées et administrées gratuitement,* « *qui n'ont en vue et qui en fait ne réalisent aucun bénéfice, sont affran-* « *chies des formalités prescrites par la loi du 24 juillet 1867 et le décret* « *du 22 janvier 1868, relatifs aux sociétés d'assurances. Le § 3 ajoute* « *que :* « *Les sociétés d'assurances mutuelles ainsi créées seront exemptes* « *de tous droits de timbre et d'enregistrement, autres que le droit de tim-* « *bre de 10 centimes prévu.* »

Les formalités requises pour la constitution des sociétés mutuelles ont donc été réduites au minimum : ce sont celles exigées pour la fondation d'un syndicat professionnel, celles qu'on avait toujours observées jusque-là.

A savoir : le dépôt à la mairie de la localité où la mutuelle est établie :

1° Des statuts en double exemplaire ;

2° Des noms des administrateurs de la Société.

La loi du 2 juillet 1901 a étendu considérablement le droit d'asso-

(1) Rocquigny, page 101.
(2) Id., page 101.

ciation. Il est bien évident que des sociétés mutuelles pourraient se fonder conformément à ces prescriptions, car elles répondent aux conditions exigées par l'article 1er et l'article 3 de la dite loi.

Y gagneraient-elles ? c'est une question que je n'ai pas suffisamment étudiée pour y répondre.

L'esprit de l'homme est ingénieux. En tournant et retournant une question, il lui trouve une infinité de solutions, il invente de multiples combinaisons. Cette ingéniosité, il n'a pas manqué de l'exercer à propos de la question qui nous occupe, il n'a pas manqué d'en tirer parti.

Ceux qui ont l'ambition de créer des caisses mutuelles contre la mortalité du bétail, n'ont que l'embarras du choix pour pourvoir de statuts leur société. Que désirent-ils ?

Une caisse sans cotisation préalable ?

Une caisse à cotisation préalable ?

A cotisation préalable fixe par tête de bétail, inépendamment de la valeur de la bête, sans expertise ?

A cotisation préalable proportionnelle à la valeur des animaux assurés ?

A cotisation préalable mixte : fixe par tête de bétail de chaque catégorie, mais variable d'une catégorie à l'autre ?

Je ne parle pas des caisses de secours alimentées par des collectes ou cotisations indéterminées, sociétés à grand rayon, peu répandues, dont le montant de la cotisation, tout en étant facultatif, doit atteindre un minimum fixé, et dans lesquelles l'indemnité n'est pas en raison de la valeur estimative de l'animal perdu, mais proportionnelle au nombre d'animaux de la même espèce possédés par le sociétaire dans la commune.

Pour les aider dans leur choix, je vais leur donner quelques rapides explications sur le fonctionnement de ces divers types de caisses mutuelles.

Le plus simple, c'est sans contredit le type de société sans cotisation préalable. On commence par faire l'estimation des bêtes assurées.

« Les sociétaires ne versent pas de cotisation préalable ; en cas de
« perte d'un animal, sa valeur est estimée, et à la fin du semestre, le
« sociétaire reçoit l'indemnité qui lui est due, chacun des membres
« de l'association ayant à en payer sa part proportionnelle à la valeur

« totale de ses animaux assurés (1). » Il va de soi que la cotisation
varie d'un semestre à l'autre, suivant l'importance des sinistres. Pour
la fixer, il suffit de chercher le rapport entre les pertes éprouvées et
le total des valeurs assurées. La multiplication du chiffre qui exprime
ce rapport par la valeur de chaque étable ou de chaque écurie assurée,
détermine le montant de la contribution de chaque société à l'indemnité à fournir.

Pour ne pas faire attendre plusieurs mois aux sinistrés le règlement
de l'indemnité — dans de nombreuses sociétés, les indemnités sont
réglées aux assemblées générales, et les assemblées générales n'ont
lieu que tous les semestres, les plus fréquentes tous les tri mestres ; —
pour ne pas faire attendre un si long temps les sinistrés, on a songé à
constituer un fonds de réserve, tantôt avec les subventions accordées,
tantôt en faisant payer d'avance une cotisation de tant pour cent du
capital assuré ; ou encore avec le produit d'une taxe qui atteint les
nouveaux sociétaires et qu'on appelle le droit d'entrée.

L'indemnité est fixée par des experts qui sont membres de la Société.
Elle n'est jamais de la valeur entière de l'animal, car il faut éviter la
fraude, ne pas exposer les sociétaires à la tentation de faire périr leur
bête quand ils croiraient y avoir avantage.

Elle ne dépasse pas en général les 4/5 de la valeur estimative.

Cette forme de Société présente des avantages : il n'y a pour ainsi
dire pas de caisse, la comptabilité y est très réduite, la tâche du
secrétaire-trésorier très simplifiée. Mais il y a de mauvais semestres,
et les cotisations, par suite du chiffre élevé des indemnités, montent
à des taux décourageants.

Il est vrai qu'on remédie de diverses façons à cet inconvénient :

D'abord au moyen des fonds de réserve dont j'ai parlé tout à
l'heure, ou bien par un appel aux caisses des Unions ou Fédérations
de syndicats agricoles. Ou bien encore en recourant à la réassurance.
Voici ce que c'est que la réassurance : c'est une fédération de petites
mutuelles locales, une « mutualité de sociétés mutuelles », suivant
l'expression de M. François (2). « Les petites mutuelles locales, dit
M. de Rocquigny (3), sont appelées à alimenter un fonds commun

(1) Rocquigny, *op. cit.*, page 30.
(2) J. François, *l'Assurance du bétail par la mutualité*, page 252.
(3) *Op. cit.*, page 40.

destiné à être réparti entre celles qui auraient subi des pertes extraordinaires. »

D'ailleurs, on peut toujours exclure complètement les épizooties des cas à indemniser, ou au moins réduire le taux de l'indemnité (1).

On peut aussi spécifier, dans les statuts, qu'en tout cas la cotisation ne devra dépasser 3 0/0 par semestre.

Dans ce type de caisse, comme d'ailleurs dans les autres types, tout associé peut se retirer de la Société au bout d'un an ou de six mois, suivant les statuts.

Les Sociétés à cotisation préalable se répartissent en trois classes :

1° Celles à cotisation fixe par tête de bétail ;

2° Celles à cotisation fixe par catégorie ou à cotisation de nature mixte ;

3° Celles à cotisation proportionnelle à la valeur des animaux.

Rien de particulier à dire des deux premières classes.

Les Sociétés à cotisation proportionnelle à la valeur des animaux sont plus intéressantes et plus répandues.

Dans ces Sociétés, la cotisation est fixée à tant pour cent des sommes assurées. Elle est variable d'une caisse à l'autre. Dans une même Société, elle peut varier suivant les circonstances. Si les fonds de la caisse, par exemple, sont insuffisants pour régler les indemnités, le Bureau fait un rappel de contribution supplémentaire, dans des limites établies toutefois, de façon à ce que le taux de la cotisation ne dépasse pas un chiffre fixé.

Il peut arriver, par contre, que la caisse grossisse, atteigne un certain chiffre, par suite du petit nombre des sinistres pendant un certain temps. Les membres peuvent alors voir diminuer le taux de leur cotisation, et quelquefois d'une façon considérable.

L'indemnité ne dépasse guère 75 %. Il est rare qu'elle atteigne 80 %. De cette indemnité on déduit toujours la valeur de la peau et aussi la valeur de la viande quand la chair peut être utilisée. C'est la règle suivie d'ailleurs dans toute Société, à quelque type qu'elle appartienne.

Les caisses à cotisation préalable proportionnelle constituent aussi des fonds de réserve et exigent le droit d'entrée.

(1) FRANÇOIS, *l'Assurance du bétail par la mutualité*, page 238.

Le fonctionnement de ces diverses Sociétés n'exige pas un personnel considérable. Un secrétaire-trésorier, des chefs de section, des experts en nombre variable suivant l'importance des localités et l'extension des caisses, suffisent à la tâche.

Le secrétaire tient tous les registres et la caisse. Les experts estiment les bêtes, les marquent, constatent les pertes. En cas de malheur, ils doivent être appelés immédiatement.

Des mandats d'expertise, indiquant la série à laquelle appartient la bête, le signalement de celle-ci, sa valeur, le chiffre de la prime, sont délivrés aux sociétaires.

Le secrétaire transcrit au livre de la Société la teneur de ces mandats, qui remis signés, acquittés à leur propriétaire, doivent être reproduits en cas de sinistre.

Toute Société réunit tous ses membres un certain nombre de fois par an en assemblée générale. Ce sont les assemblées générales qui nomment le Bureau, discutent, votent et modifient les statuts, examinent les questions qui intéressent la Société. Les indemnités sont souvent réglées lors de la tenue de ces assemblées.

Les fonctions des divers membres du Bureau sont gratuites. Les experts toutefois reçoivent une rétribution. Encore n'est-ce pas général.

Il n'y a pas d'autre dépense que l'achat de mandats d'expertise, de registres, de plumes et d'encre, et l'allocation aux experts là où elle existe. Les frais d'administration des Sociétés mutuelles ne sont donc pas considérables.

DÉPOUILLONS MAINTENANT NOTRE ENQUÊTE (1)

Trente groupes m'ont retourné jusqu'ici les questionnaires. Je dis jusqu'ici, car je ne désespère pas d'en recevoir d'autres. Les envois ont été échelonnés contrairement à ce qui avait été convenu, et il n'a pas cessé de m'en parvenir. Le dernier m'a été remis le Vendredi-Saint. Il n'y a donc pas de raison pour que ça ne continue pas, d'autant plus qu'il s'en faut de beaucoup que tout le monde ait répondu. Mieux vaut tard que jamais d'ailleurs ; il est bien dommage, par exemple, que tout le monde n'y trouve pas son compte, et particulièrement les infortunés

(1) Toutes les citations sans référence sont extraites de l'enquête.

rapporteurs, qui sont obligés de remettre chaque fois leur œuvre sur le métier et qui ne savent plus à quel saint se vouer.

Donc sur ces 30 groupes qui ont jugé bon d'envoyer leur réponse avant Pâques, la moitié déclarent qu'ils n'ont jamais abordé la question des caisses mutuelles. Parmi les autres, certains en ont causé. Quelques-uns, plus rares, l'ont étudiée : Allineuc, Ploubalay, Pordic, Monthault, Saint-Aubin d'Aubigné. Des conférences privées ou publiques sur les Sociétés mutuelles ont été données à B. D. C. initiales que j'ai traduites à tort ou à raison par Bourg-des-Comptes, à Monthault, Pordic, Allineuc, Ploubalay, Saint-Gildas d'Auray, Poligné, Saint-Aubin, Saint-Lumine de Clisson. Pipriac, Saint-Julien, Plouër songent à en donner.

Des caisses existent à Pordic : 270 adhérents appartenant à la moyenne et à la petite culture ; à Monthault : 52 adh. ; à Ploubalay : 60 adh. pet. et moy. cult. ; à Broons : 46 adh. ; à B. D. C. : 34 adh. moy. cult. ; à Lampaul-Guimiliau : 50 adh. moy. et pet. cult. ; à Saint-Gouesnou : 82 adh. moy. cult. ; à Perros-Guirec, à Saint-Gildas d'Auray ; à Poligné : 30 adh. : à Saint-Lumine de Clisson : 144 adh. gr. et pet. cult. ; Saint-Aubin : 56 adh. moy. et pet. cult. Retiers a possédé une caisse qui a disparu. Nos camarades d'Allineuc ont tenté d'en fonder une, ils n'ont pas réussi ; ceux de Saint-Gildas sont très habiles, ils ont réussi à faire passer aux catholiques l'administration de la caisse fondée par les blocards. A Poligné on aurait grand intérêt à les imiter.

L'idée de créer une mutuelle est venue à nos camarades de Pipriac, Saint-Julien, Plouër, et ils comptent la mettre à exécution.

L'initiative de l'établissement d'une caisse revient à la J. C. dans les communes de Pordic et de Saint-Aubin d'Aubigné. A Saint-Gouesnou, l'honneur en revient à un groupe de cultivateurs ; à Lannion, à un avoué, M. Lhorset, si j'ai bien lu ; à Poligné, à M. Thélohan, le professeur à la Faculté de droit de Rennes, je pense ; à Saint-Gildas, aux blocards, nous avons dit : plusieurs caisses ont été établies par des prêtres ; celles de Ploubalay, de Broons, de Saint-Lumine de Clisson. La mutuelle de Retiers, qui a disparu, avait pour auteur le maire de l'endroit.

C'est la mauvaise administration qui l'a empêchée de réussir.

A Allineuc, le succès n'est pas venu parce qu'on « n'a pas 'rouvé de

« gens disponibles en quantité suffisante pour seconder les bonnes
« volontés. »

Si on n'a rien tenté ailleurs, c'est qu'on s'est buté à des obstacles
très divers : à Saint-Martin d'Eancé, les membres de la J. C. sont trop
jeunes et trop inexpérimentés ; à Pipriac, on a rencontré « une
« méfiance très grande, inspirée par l'ignorance de pareilles organisa-
« tions, et la crainte de versements qui ne sont pas suivis d'avantages
« immédiats. »

Au Loroux, on n'a pas de secrétaire, et le terrain n'est pas prêt.

A Plouër, on songe depuis peu de temps à fonder cette œuvre ; on
n'a pas rencontré, d'ailleurs, toute la bonne volonté que l'on était en
droit d'attendre.

A Paramé, « la non-réussite dans deux communes voisines a jeté le
« discrédit sur les mutuelles-bétail. Cependant, voilà que la réussite
« dans une autre commune a fait un peu changer d'avis les cultiva-
« teurs. Toutefois, sans être hostiles systématiquement, ils sont loin
« encore d'en être partisans. »

A Quimper, « la question ne présente guère d'intérêt. La seule
« chose qu'on y puisse faire, c'est d'étudier la question pour en faire
« naître l'idée dans les campagnes. »

Vannes prétend que la chose n'est pas de sa compétence.

Bréhand se contente d'affirmer que caisses rurales et syndicats sont
choses inabordables chez lui.

Plaine-Haute ne rougit point d'avouer qu'il n'y a pas pensé. Il est
vrai qu'il a une bonne excuse. La caisse rurale, qui fonctionne chez
lui, fait énormément d'affaires, et lui donne bien du travail.

Les caisses existantes ont été priées de raconter leur histoire. Ouvrez
vos oreilles.

Celle de Lampaul-Guimiliau n'a pas d'histoire, tout comme les
peuples heureux.

L'existence de celle de Saint-Lumine de Clisson n'a pas été bien
tourmentée non plus, si l'on en juge par le laconisme des notes biogra-
phiques qu'elle nous communique : « elle a été fondée en octobre 1901,
« une seule conférence a suffi, 120 adhésions ont été immédiatement
« recueillies, même parmi quelques fermiers des communes voisines. »
Je ferme les guillemets. C'est tout.

A Pordic, ce n'est pas moins expéditif : « Deux réunions préparatoires,

« en décembre 1898, ont suffi pour faire admettre l'idée. Un Bureau, des
« experts ont été nommés. Pas de difficultés. »

C'est d'une concision militaire. Vous sentez, n'est-ce pas ? que nous
avons affaire à des hommes d'action.

Monthault non plus ne manque pas de décision :

« Des jeunes gens de Fougères sont venus faire une conférence sur
« la mutualité contre la mortalité du bétail, et les cultivateurs ont
« accepté volontiers, sans difficulté : la caisse fonctionne depuis le
« 1er décembre 1905. »

Les habitants de Saint-Gouëno eux, sont de prudentes gens :
« Ils ont commencé par former un syndicat agricole, pour se mettre
« en règle avec la loi de 1884 (je cite), puis au sein de ce syndicat, ils
« ont constitué une caisse de mutualité, contre la mortalité des che-
« vaux seulement. Il n'y a pas eu, à vrai dire, de difficultés. »

A Broons, ça n'a pas été tout seul : « La mutuelle, fondée en prin-
« cipe depuis deux ans, ne fonctionne régulièrement que depuis jan-
« vier 1906. » Il a fallu vaincre les hésitations des cultivateurs,
triompher de l'opposition faite par les blocards du pays.

Ploubalay a rencontré aussi des difficultés. Et il a fallu au fondateur,
M. l'abbé Cosson, vicaire, beaucoup d'énergie et de ténacité. Il vit et
revit les fermiers, eut à fournir et à renouveler des tas d'explications,
et ne réussit qu'après avoir réfuté des quantités d'objections, prouvé
les avantages matériels et moraux, fait appel à la charité, montré
l'union réalisée par la Société, la force et les multiples avantages qui
en résulteraient pour les catholiques.

A Saint-Aubin d'Aubigné on a dû faire bien des démarches et montrer bien de la persévérance. Après une conférence sur le sujet on
essaya de former un noyau de futurs assurés. Mais, les bonnes gens
se défilèrent. Il fallut les relancer, les contraindre à exprimer les raisons de leur refus, à formuler leurs objections, les convaincre du peu
de valeur de leurs arguments, leur fournir les explications les plus
détaillées, leur donner satisfaction sur certains points. On leur com-
muniqua un projet de statuts pour qu'ils l'examinassent et vissent
quelles modifications devaient y être apportées à leur sens. Puis on
les réunit en assemblée générale, dans laquelle les statuts reçurent
leur rédaction définitive.

« La caisse de Lannion existe depuis cinq ans. M. Lhorret avait

« convoqué les principaux cultivateurs et éleveurs du canton de
« Lannion et leur exposa l'utilité d'une Société d'assurance. Il fut
« répondu à son appel, et la Société se constitua immédiatement et
« sans difficulté. Depuis sa fondation, elle a continuellement prospéré,
« et rares sont aujourd'hui les cultivateurs qui n'en font pas partie. »

Je ne puis vous apprendre de la « Perrosienne » que très peu de
chose : le nom de son président, M. le comte de Champagny ; la date
de sa fondation, le 19 février 1900 ; le siège du syndicat, qui est
Pleumeur-Bodou ; la Perrosienne est cantonale. M. de Champagny nous
dit en outre qu'elle a eu à lutter au début contre les hésitations des
cultivateurs, qui d'ailleurs reconnaissent aujourd'hui sa grande utilité.

Je ne puis guère vous donner de renseignements sur la Société de
B. D. C. qui existe depuis trois ou quatre ans. Son existence fut un moment assez compromise. Et cela, parce que « les gens avaient assuré leur
« bétail contre toutes sortes de maladies ou accidents ; alors, les adhé-
« rents qui avaient des étables entières contaminées par la tuberculose
« étaient toujours ceux qui faisaient le plus de pertes, et c'était tou-
« jours les mêmes. Pour remédier à cet inconvénient, il a été convenu
« d'un commun accord, que l'on ne donnerait pas d'indemnité pour
« les dommages occasionnés par la tuberculose. »

J'ai déjà souligné, et vous avez pu remarquer vous-mêmes, la brièveté,
la discrétion de toutes ces réponses. Les Sociétés semblent avoir honte
de se raconter, elles sont pudiques et réservées comme des jeunes
filles. Il est regrettable qu'elles n'aient pas cru pouvoir montrer plus
d'abandon. Nous eussions aimé apprendre d'elles, comme de sœurs
aînées, l'histoire allongée de leurs efforts, de leurs difficultés, de leurs
luttes, de leurs misères, et le secret de leur succès, pour nous édifier,
nous encourager et nous déterminer à les suivre. Par excès de modestie, elles ont peut-être manqué l'occasion de faire le bien.

Quelle est l'importance des caisses mutuelles ? Le chiffre des animaux assurés ?

Lannion assure 1 355 animaux, estimés 739 540 francs. — Ploubalay,
750, valant près de 250 000 francs. — Saint-Aubin, 300, soit une valeur
de 60 000 francs. — Pordic, 700. — Monthault, 300. — Lampaul-Guimiliau, 200. — B. D. C., de 300 à 350. — Broons évalue le bétail assuré à
75 000 francs et Saint-Lumine de Clisson à 244 000 francs. Saint-Gouesnou
et Perros ne répondent pas à la question.

Toutes les Sociétés sont communales, à l'exception de celles de Perros et de Lannion, qui sont cantonales. Celle de Perros et celle de Saint-Aubin sont ouvertes aux habitants des communes limitrophes.

Toutes sont fondées sous l'empire de la loi du 21 mars 1884.

La mutuelle de Saint-Gouesnou est une société à cotisation préalable et variable, suivant l'état de la caisse. La cotisation se paie par trimestre. On ne dit pas pour quelle raison ce type a été préféré.

La caisse de Saint-Lumine de Clisson est également une société à cotisation préalable. Cette cotisation est de 1 franc pour les membres fondateurs, et de 2 francs pour les adhérents.

Celle de Saint-Gildas d'Auray appartient à la même catégorie.

Toutes les autres sont des sociétés à cotisation non préalable, variant suivant l'importance des pertes à rembourser. A Perros, à Monthault, à Saint-Aubin toutefois, la cotisation ne peut pas dépasser des limites déterminées. Monthault ne dit pas quelles sont ces limites, mais l'article 19 des statuts de la Perrosienne décide que « les syndiqués ne « seront jamais tenus de payer plus de 3 % de la valeur de leurs ani- « maux constatée au registre et par semestre, soit 6 % par an. »

A Saint-Aubin on a fixé à 0.75 % le taux de la cotisation maxima.

La raison pour laquelle on semble avoir préféré ce type de société, c'est que s'il n'y a pas de perte, il n'y a rien à payer.

Les mutuelles de Saint-Gouesnou et de Monthault ne sont pas distinctes d'un syndicat agricole, les autres en sont indépendantes.

Quel est le taux de l'indemnité ?

Lannion, Perros, Saint-Gouesnou, qui assurent les chevaux, donnent les 4/5 de la valeur de l'animal. Sur cette somme Perros déduit 10 francs de la peau. Lampaul donne pour les chevaux 80 %. Ploubalay les 2/3 seulement de la valeur assurée. Et de ce chiffre on déduit « la somme retirée de ses produits ».

Pour les bêtes à cornes le taux de l'indemnité varie avec les localités.

Ploubalay ne donne encore que les 2/3 de la valeur de la bête diminués de la somme que le propriétaire a pu en retirer. B. D. C. accorde les 3/4. — Monthault, Saint-Lumine de Clisson, les 4/5. Saint-Aubin d'Aubigné aussi, mais jusqu'à concurrence des ressources. Poligné ne dépasse pas 10 à 12 %.

Broons et Saint-Gildas ne donnent aucun chiffre. Pordic a fait certainement une confusion. La réponse qu'il fait à la question qui nous occupe convient très bien à celle qui la suit, et qui est relative au taux de la cotisation. Aussi je me suis permis de la changer de place.

Donc, en général, à Pordic, le taux de la cotisation varie de 0. 50 à 0.75 %; à Monthault elle ne peut dépasser 0.75 %; de même à Saint-Aubin, à Saint-Lumine il a varié de 0.276 % à 0.402 %. Toutes ces caisses n'assurent que des bêtes à cornes. — La Perrosienne, qui assure l'espèce chevaline, fait payer une prime qui varie de 0.35 à 0.90 %. — Lampaul ne nous donne pas de chiffres. Il se borne à nous dire que la race chevaline paie 1/3 de plus que la bovine. Saint-Gouesnou, qui ne s'occupe que des chevaux, fait payer 0.40 % par trimestre à ses sociétaires autres que les commerçants, ceux-ci sont taxés à 0.50 %.

Ailleurs ? je ne sais pas.

Quelle est la moyenne de la mortalité constatée par chaque mutuelle ?

Pour que vous puissiez aisément établir des comparaisons, je répartis les caisses en deux classes :

Celles qui assurent les bêtes à cornes.

Celles qui assurent les chevaux.

Dans la 1re classe (bêtes à cornes), B. D. C. évalue la mortalité à 6 à 7 %. Pordic à 1/2 % seulement, Saint-Aubin affirme qu'elle ne dépasse pas 3 %; Monthault, Broons et Ploubalay ne peuvent encore donner aucun chiffre.

Dans la 2e classe (chevaux), Saint-Gouesnou parle de 2 à 3 % et Lannion de 4 à 5 %. Perros ne répond pas.

B. D. C., Monthault, Broons, Saint-Aubin, Saint-Lumine n'assurent que les bovidés.

Saint-Gouesnou, Lannion, Perros, n'assurent que les chevaux.

Ploubalay, Lampaul assurent l'une et l'autre espèce.

Quant au droit d'entrée, ni Broons, ni Pordic, ni Saint-Gildas, ni Poligné, ni Saint-Lumine n'en font mention. Les statuts de la « Perrosienne » sont muets à ce sujet, ceux de Ploubalay aussi. Saint-Gouesnou déclare qu'il ne perçoit pas de taxe de ce genre. Mais Monthault fait payer 0.25 par bête à cornes; Saint-Gouesnou 2 francs par cheval: Lannion 0.20 % de la valeur de leurs chevaux aux nouveaux adhérents. A Lampaul le droit d'entrée est de 1,80 % pour la race bovine et de 2.40 % pour la race chevaline. C'est très variable, comme vous voyez.

J'ai déjà parlé de l'utilité d'un fonds de réserve, et dit que ce fonds était constitué en partie par une imposition supplémentaire minime.

Voyez si nos sociétés ont établi ce fonds de réserve.

Lannion en a un qu'il alimente en prélevant 0.10 % quand les pertes ne sont pas trop considérables. Monthault fait aussi des prélèvements dans ce but, mais il ne nous en donne pas le taux. La caisse de réserve de Lampaul ne doit pas dépasser une somme supérieure aux 2 % de la valeur totale assurée. « Le surplus doit être employé par la « Société à indemniser les sinistrés et diminuera d'autant le quantum « % à prélever sur la valeur déclarée par chaque sociétaire. »

Saint-Aubin fait payer le dixième, pendant les cinq premières années de la constitution de la Société, de la différence entre les indemnités versées et l'indemnité maxima dans le même temps, Il faut vous rappeler que la cotisation à Saint-Aubin ne peut dépasser un maximum fixé à 0.75 %.

Beaucoup de caisses ont été subventionnées, les unes par l'État, comme B. D. C., qui a reçu 500 francs ; Saint-Gouesnou, Pordic, qui a touché en deux fois 700 francs ; Lannion, qui a eu 1.000 francs ; Saint-Gildas d'Auray. — Les autres par le département, comme Saint-Lumine de Clisson. — Les autres, des syndicats agricoles : comme Saint-Aubin, Monthault.

Et je saisis l'occasion pour signaler l'avantage qu'il y a pour une caisse qui se fonde de se placer sous les auspices d'un syndicat agricole. Ainsi, le syndicat agricole d'Ille-et-Vilaine accorde aux mutuelles-bovines, fondées sous ses auspices, une prime de fondation de 100 francs, puis chaque année une indemnité de 50 francs, et en plus une seconde indemnité de 1 franc par syndiqué habitant la commune, siège du syndicat, ou habitant les communes limitrophes. Cela n'empêche pas naturellement de « taper » l'État, si on peut.

Ploubalay a refusé une allocation dérisoire que l'État lui avait accordée.

Quant à Broons, ah ! à Broons, la subvention s'est trompée de destinataire. Elle est allée à une « mutuelle agricole » espèce de caisse rurale, dit-on, qui n'est au fond qu'une caisse électorale, n'existant que « sur le papier, ne fonctionnant point et composée, bien entendu, de « blocards du cru. »

Nulle part, sauf à Saint-Gildas, il n'a été fondé de caisse de réassurance.

Le Syndicat agricole d'Ille-et-Vilaine a tenté, paraît-il, d'en fonder une, il n'a pas réussi, à cause de la différence des statuts des diverses mutuelles.

Quant aux résultats obtenus, tout le monde est d'accord pour s'en déclarer satisfait.

Les fonctions des experts sont presque partout gratuites. A Saint-Gouesnou, Perros, Lannion seulement, les experts sont indemnisés. Saint-Lumine ne leur paie que les déplacements extraordinaires. Perros leur accorde 0 fr. 10 par cheval estimé et 3 francs par constatation de perte. A Lannion, ils ont aussi 0 fr. 10 par bête, mais 6 francs par constatation de perte.

Le nombre des experts varie avec les localités. Perros en compte 2 par commune ; Lannion également, sauf dans les communes importantes, où le nombre est doublé ; Lampaul et B. D. C. en ont 3 ; Monthault, 6 ; Ploubalay, 8 ainsi que Pordic ; Saint-Lumine, 12 ; Saint-Aubin, 6.

Là où les mutuelles ont été fondées sur une initiative étrangère, la J. C. prête peu ou point son concours. Cela se comprend dans les localités où les membres du groupe ont l'excuse de leur jeunesse, comme à Saint-Martin d'Éancé, et dans celles où presque tous les membres sont absolument étrangers à l'agriculture, comme à B. D. C. Mais ailleurs ?

A Saint-Lumine, la J. C. comprend mieux son devoir. Elle donne des conférences agricoles, et elle en fait bénéficier la Société mutuelle. « Sur les trois conférences données chaque trimestre, il y « en aura au moins une qui sera donnée à la réunion trimestrielle des « membres de la mutualité. »

Nos camarades de Saint-Gildas s'emploient à grossir le nombre des adhérents à la mutuelle établie chez eux.

Il ne semble pas que, d'une façon générale, les membres de notre Association se fassent une idée précise des avantages que procure à leur région la création de caisses mutuelles.

C'est profondément regrettable, car les avantages des caisses mutuelles ne sont pas seulement pécuniaires, matériels, ils sont encore d'un ordre plus élevé.

Grâce à ces sociétés mutuelles, en effet, les gens se rapprochent, apprennent à se connaître, à s'estimer, à prendre conscience de leurs véritables intérêts, à se rendre mutuellement service. Ils font ainsi leur éducation de citoyens, et pratiquent en même temps leurs devoirs de chrétiens. Ils sentent en outre qu'ils ne sont plus une poussière disséminée, que le moindre souffle emporte, mais qu'ils constituent un bloc capable de résister à la tourmente et qui leur permet de parler et d'agir en hommes libres.

Il est à désirer que ces avantages, on les fasse connaître et comprendre aux membres de l'Association.

J'ai la douleur, j'allais dire la honte, de constater que dans quelques communes que je ne nommerai pas, nos frères de la J. C. ne comprennent pas la nécessité qu'il y a pour les catholiques, dans l'intérêt même de la religion, de prendre en main la direction des œuvres sociales.

Dans quel milieu vivent-ils donc ? Quelles cloisons les séparent du reste du monde ? Quelle peut bien être la cause d'un tel aveuglement ? Ils n'ont donc pas éprouvé nos tristesses, souffert nos douleurs, ils ne partagent donc pas nos angoisses ?

Heureusement que d'autres réponses nous consolent de celle-là, et du silence de certains, silence que je ne sais pas comment interpréter.

Celle de Saint-Gildas d'Auray, par exemple : « Unissons-nous tous « sur le terrain social dit-elle, ce sera de cette façon seulement que « nous tiendrons le haut du pavé, unissons-nous, le salut est à « ce prix. »

Et celle de Saint-Aubin : « Oui, certainement, la J. C. comprend l'in- « térêt qu'ont les catholiques de prendre en main la direction des « œuvres sociales, surtout depuis la saisie d'un ordre émané de la « franc-maçonnerie, demandant tout dernièrement aux maîtres d'école « de s'emparer de ces œuvres avant les curés. »

Vous avez entendu ?

J'en ai d'autres de ce genre au dossier. Mais je suis déjà trop long.

Quel doit être le rôle de la J. C. dans la fondation et l'extension des caisses mutuelles ? Pont-Château ne précise pas ce rôle. Quimper envisage le point de vue personnel, il ne pense pas qu'il puisse faire autre chose que de servir de porte-parole. Paramé, Saint-Aubin, Saint-Gildas, Plouër, jugent que les membres de la J. C. doivent prendre l'initiative de fonder des caisses mutuelles, se montrer les apôtres zélés de ces œuvres, y adhérer et travailler à leur développement. Pipriac, Ploubalay et Saint-Gildas revendiquent pour l'Association, la direction des sociétés.

Ces conceptions différentes du rôle de la J.-C. se comprennent. Tout dépend en effet des milieux, des circonstances, des personnes.

Je vais vous donner maintenant connaissance des vœux qui ont été formulés, du mien d'abord, que je dépose au nom de tous les rapporteurs présents et futurs, et qui a pour but de précipiter un tant soit peu l'expédition des réponses. Je n'insiste pas, et je passe aux autres vœux :

Pipriac demande des conférenciers pour le mettre au courant de la question ; Paramé voudrait « qu'il fût fait des tracts dans le but de vulgariser cette question ; on indiquerait, à la suite de ces tracts, la liste « des groupes qui ont fondé des caisses mutuelles contre la mortalité « du bétail. L'on aurait ainsi et les renseignements généraux, et l'on « saurait où s'adresser pour avoir les renseignements pratiques. »

L'idée semble judicieuse.

Perros, Ploubalay, Quimper, Saint-Gildas, souhaitent la multiplication des mutuelles. Lannion et Pordic aussi, et manifestent en outre le désir de voir se fonder des caisses rurales. « Ces caisses, dit Lannion, « rendraient surtout des services considérables dans notre canton, où la « propriété est très morcelée, et les fermes tenues par des fermiers « qui pour débuter ont besoin de capitaux qu'ils rembourseraient faci-« lement avec de la conduite et du travail. »

Ces caisses seraient aussi très utiles ailleurs, elles rendraient en outre de grands services aux mutuelles, dont elles pourraient être les banquiers. Les caisses rurales sont en somme le corollaire des caisses mutuelles.

Saint-Aubin d'Aubigné voudrait « que l'on fasse connaître les inten-« tions de la franc-maçonnerie à propos de mutuelles et autres œuvres « sociales, et qu'on fasse les plus grandes instances près du clergé des « paroisses pour le décider à marcher dans cette voie des œuvres « sociales le plus tôt possible, afin d'arriver avant les maîtres d'école. »

Voici un autre vœu, toujours relatif à la question qui nous occupe, mais qui est capable d'effaroucher la modestie du très distingué président de cette séance d'études. Je la transcris *in extenso* : « que le sym-« pathique et dévoué M. de Laubier vienne à Poligné faire une con-« férence, et que ses différents articles parus, ainsi que ceux qu'il « compte faire paraître dans le « Nouvelliste » soient reliés en un « volume et mis en vente. » La parole est à M. le comte de Laubier.

J'ai encore trois autres vœux à vous communiquer. Ce sont ceux de

Bréhand, de Saint-Julien et de Pacé. Ils sont étrangers à notre sujet.

Bréhand demande qu'on cherche et « qu'on trouve le moyen d'empêcher les hommes d'aller travailler en Beauce, et les femmes d'aller nourrices. »

Ce sont des questions de capitale importance, liées à la conservation de la race et au maintien des traditions et des croyances. Nous savons tous que nos compatriotes n'ont rien à gagner au contact prolongé et renouvelé avec les populations, pour le moins indifférentes, des plaines de la Beauce. Et nous savons aussi, que les mères de famille n'abandonnent pas sans détriment pour leur moralité, pour celle des leurs, la place qu'elles doivent occuper au foyer domestique.

Vous vous rappelez le tableau saisissant, tracé par René Bazin dans l'un de ses romans les plus connus, des misères physiques et morales résultant de l'exode vers Paris ou ailleurs, des jeunes mères bretonnes.

Saint-Julien apporte un vœu, qui est relatif à la bonne tenue et au succès de nos congrès, un vœu très d'actualité par conséquent.

« Je souhaiterais, dit-il, que, dans les congrès, la plupart des séances « d'études soient réservées aux *seuls* jeunes gens capables de suivre « une discussion et de s'y intéresser. J'ai vu plus d'une fois que ces « jeunes gens sérieux ne retiraient pas tout le fruit possible, par suite « de la confusion apportée dans les réunions par une partie des assis-« tants. Dans des réunions plus tranquilles et plus calmes, il serait « plus facile d'échauffer et d'activer un zèle qui certainement tourne-« rait à l'avantage de tous. L'aumônier, ou le président de chaque « groupe, désignerait ceux qui pourraient assister aux séances d'étu-« des. » Quant au nombre, il ne faudrait pas qu'il dépassât une certaine proportion par groupe, par exemple. On occuperait les autres agréablement.

Vous savez, Messieurs, qu'à table la politique surgit inévitablement entre la poire et le fromage. Voici qu'elle montre aussi le bout de l'oreille à la fin de ce rapport. Ce n'est pas ma faute, je vous assure. Ne vous en prenez donc pas à moi. La justice vous commande de vous adresser à M. le vicaire de Pacé.

« Que l'on aborde nettement, écrit-il, la question des opinions poli-« tiques, parce que le silence, peut-être calculé, sur ce point, éloigne « beaucoup de jeunes de notre groupe et les rend défiants. »

On demande donc l'introduction de la politique dans l'Association.

Vous vous prononcerez sur ce vœu, Messieurs. Mais s'il m'est permis de vous faire une remarque, je vous dirai qu'il me semble en opposition formelle, irréductible, avec l'esprit et les statuts de l'A. C. J. F. et qu'il me parait difficile, sinon impossible, de le discuter.

Messieurs, il faut conclure. L'enquête que j'ai essayé d'analyser, prouve l'utilité, la facilité d'établissement et de fonctionnement, le succès pour ainsi dire forcé des caisses mutuelles. La nécessité s'en fait d'ailleurs sentir partout.

Mais l'enquête nous prouve aussi, par le petit nombre des réponses envoyées, et par ces réponses mêmes, que la J. C. B. ne s'est pour ainsi dire point occupée de ces caisses mutuelles et qu'elle n'est guère orientée du côté de l'action sociale.

Je sais bien que beaucoup de ses groupes sont encore très jeunes, qu'ils ont eu à se consacrer tout d'abord à l'organisation et à la formation de leurs membres. Mais on ne peut pas non plus passer son existence entière à méditer et à s'organiser. Le moment vient où il faut prendre son vol, sortir des salles d'études et des patronages, agir. C'est un moment quelque peu pénible assurément. La transition est brusque. Mais le grand air est fortifiant. Vos ainés ont passé par là, et s'en sont tirés, vous vous en tirerez à votre tour, d'autant plus facilement, que bien des hésitations, bien des tâtonnements vous seront épargnés. Les pierres ont été écartées de votre route, vous marcherez dans un chemin droit, sans pente ni tournant dangereux. N'hésitez donc pas.

L'action sociale n'est-elle pas la troisième partie de votre programme. Ne faut-il pas que vous prouviez au peuple que les catholiques ne sont pas des rétrogrades, figés dans la contemplation et le regret du passé, qu'ils aiment au contraire et comprennent leur temps, qu'ils sont dociles à l'ordre divin qui leur prescrit d'asservir la matière, qu'ils sont vraiment des hommes de progrès, et qu'ils sont aussi fidèles observateurs du commandement d'amour ?

Vous fonderez donc des œuvres sociales, mes chers amis, des syndicats, des caisses rurales et surtout des caisses mutuelles.

Et vous ne tarderez pas, car l'ennemi rôde, comme vous avez vu. Il est habile ; il flaire le vent, toujours à l'affût des occasions et des circonstances favorables, toujours en quête des moyens les plus propres à capter la confiance du peuple, à s'assurer les honneurs et la puissance.

Vous ne voulez pas qu'il prenne votre place, qu'il rende stériles des organisations fécondes, qu'il transforme en armes de guerre des instruments de paix sociale, qu'il utilise pour le mal des œuvres qui doivent concourir à l'avènement du règne de Dieu sur la terre, suivant le souhait que vous formulez à genoux, tous les matins et tous les soirs : *Adveniat regnum tuum.*

La discussion s'engage aussitôt :

M. de Laubier fait remarquer d'abord qu'il faut distinguer entre les sociétés à cotisation préalable et celles qui n'exigent pas de cotisation préalable. Dans l'Ille-et-Vilaine, les premières semblent être plus en honneur.

M. Paturel est partisan de la mutualité sans cotisation préalable. Dans les Côtes-du-Nord, cette dernière forme de la mutualité est presque universelle. Il y a de nombreux avantages. D'abord, quand on se présente aux paysans pour les inviter à s'associer et qu'on leur dit qu'ils n'auront pas un sou à verser, on est très fort, et en fait, ce régime est celui de toutes les mutuelles-bétail du département. Et quand on demande si l'on ne voudrait pas changer de système, la réponse est la même : on s'en trouve bien.

X... demande de quelle façon on procède en face d'une épidémie.

M. Paturel. — En cas d'épidémie, on ne paie pas. Si on a eu soin de constituer des fonds de réserve, soit par subvention, soit autrement, on les utilise ; là où une caissse rurale existe, cette caisse vient alors en aide.

M. Bienvenue dit qu'on pourrait faire une petite réserve sur les indemnités versées.

Harscouët de Keravel conseille à nos amis de fonder d'abord une section syndicale et ensuite une mutuelle, la première garantit les fonds de la seconde.

X... — Éprouvez-vous quelquefois des difficultés à faire rentrer vos cotisations?

M. Paturel affirme qu'il n'y a aucune difficulté.

Jh. Lamort. — Et s'il y en avait, comment faire au point de vue légal ?

M. Paturel. — On peut user du Juge de paix.

Jh. Lamort. — On n'admet pas tout le monde à faire partie de la mutualité.

Un Instituteur libre de Pleudihen (Côtes-du-Nord) recommande aux congressistes, comme très efficace contre l'enflure des bestiaux, l'emploi d'une médecine préparée chez M. Bouédo, pharmacien à Josselin (Morbihan).

Après cette communication, le *Président* fait connaître qu'il vient de recevoir du rapporteur d'un membre du groupe de Saint-Brieuc, un vœu résumant les observations présentées sur la question. Il propose au Congrès de clore la discussion par la lecture et la mise aux voix de ce vœu et, cela fait, d'occuper le reste de la séance à un échange de vues sur le crédit agricole, auxiliaire fréquent de la mutualité contre la mortalité du bétail.

Cette proposition est adoptée.

Le Président donne alors lecture du vœu suivant :

Le Congrès émet le vœu que les membres de la *Jeunesse Catholique Bretonne* créent des mutualités contre la mortalité du bétail et engage les mutualités à se syndiquer, soit sous la forme de sections de syndicats rattachés à un syndicat départemental, soit sous la forme de syndicats indépendants, et que les autorités religieuses, morales et sociales de la localité aident les membres de la *Jeunesse Catholique* dans la création de ces institutions.

Ce vœu est adopté à mains levées par tous les congressistes. La séance est levée.

Crédit agricole. — Œuvres annexes et similaires.

M. Paturel, président, indique le service que le crédit agricole peut rendre à une mutuelle-bétail : c'est de faire l'avance à celle-ci de l'indemnité allouée à l'assuré en cas de perte d'une tête de bétail. Ce service est particulièrement important quand il s'offre aux débuts de la mutualité. Celle-ci, le plus souvent, n'a pas encore de fonds de réserve et ne compte qu'un nombre restreint de membres. Au moyen de cette avance qui lui est faite, elle indemnise immédiatement le propriétaire lésé et fait honneur à ses engagements. D'autre part, elle a le loisir de recouvrer en plusieurs fois le montant de l'indemnité qu'elle a payée. Elle exigera de ses membres le versement de deux ou plusieurs cotisations échelonnées sur un temps plus ou moins long et dont le taux décroîtra vraisemblablement par suite de la venue de nouveaux adhérents : comment, en effet, n'en viendrait-il pas à une société qui tient ses promesses et procure à ses membres de sérieux avantages.

A deux heures et demie, l'étude de la Caisse mutuelle contre la mortalité du bétail est reprise. — M. Paturel en a bien voulu accepter la présidence. Nul n'ignore la compétence de M. Paturel dans ces questions; aussi plusieurs ecclésiastiques, à la fin de la séance du matin, lui demandèrent-ils de raconter comment il s'y est pris dans la fondation de ses œuvres rurales, quels obstacles il a rencontrés et comment il les a surmontés. M. Paturel accepte bien volontiers, et ce sont ces réflexions que nous reproduisons ci-après :

Messieurs,

On me demande de vous exposer, au début de cette séance, les moyens pratiques de créer dans sa localité une Société d'assurance-bétail.

Ce matin, le rapport et les discussions qui l'ont suivi nous ont dit les principes ; nous allons voir maintenant l'application. C'est logique. Après la règle, l'exemple.

Ponr mieux le concrétiser, je vous dirai ce qui s'est fait dans la commune que j'habite, à Pordic, pour arriver à la constitution de notre assurance mutuelle.

Nous n'avons pas commencé par l'assurance. C'est par la création d'une caisse rurale que l'on a débuté.

Un jour, à l'une des réunions du Conseil d'administration de la caisse, le directeur dit à ses confrères : « Vu que notre caisse rurale a bien réussi, nous pourrions peut-être fonder une assurance pour les bêtes. *La Croix du laboureur* parle beaucoup de cette institution-là ; il paraît que ce n'est pas difficile à fonder, et que cela rend de grands services. » Tout le monde approuva l'idée. Il fut décidé qu'on l'étudierait, et qu'à quelque temps de là, on convoquerait les cultivateurs et propriétaires de bétail pour la leur exposer.

Un mois après, sur invitations, 200 personnes s'assemblaient un dimanche, après vêpres, dans la salle de l'école des Sœurs, pour recevoir les communications du Comité d'initiative.

Je fus chargé de montrer à l'assistance le but de l'assurance mutuelle contre la mortalité du bétail, ses avantages matériels, la simplicité de son fonctionnement et sa haute portée sociale.

On distribua au public les statuts types rédigés par le Syndicat central des agriculteurs des Côtes-du-Nord et la séance fut levée. Il avait été décidé qu'une seconde réunion aurait lieu quinze jours après, que pendant ce temps on examinerait le projet, et qu'ensuite les partisans donneraient leur adhésion.

Donc quinze jours après, seconde assemblée, moins nombreuse que la première ; seuls les résolus y étaient venus.

Les statuts furent lus, discutés, modifiés, nous nous proposions de rembourser les 4/5 de la valeur des bêtes bovines assurées, en fixant les cotisations de chaque sociétaire au prorata de son assurance personnelle. Une quarantaine d'individus se firent inscrire.

Quarante! C'était peu, mais suffisant pour commencer. Moins d'adhérents, moins de risques.

Des experts avaient été choisis, la commune divisée en quatre quartiers, avec deux experts comme délégués de l'assurance dans chacun des quartiers. Notre assurance était sur pied.

Les statuts furent déposés à la mairie de Pordic, le 11 décembre 1898.

Les experts se mirent sans retard à faire leur visite des étables, et leur passage nous valut pas mal d'adhésions nouvelles.

Un assuré, peu enthousiaste au début — car plusieurs entrèrent dans la combinaison pour faire plaisir aux fondateurs — vint à perdre une bête. Il fut indemnisé par une avance générale, ce qui fit toucher du doigt l'excellence de l'institution et lui attira des sympathies inattendues.

Bref, au bout d'un an, la Société syndicale d'assurance comptait 150 membres ; deux ans après, 200, et actuellement, nous sommes 270, c'est-à-dire la presque totalité des propriétaires de bétail.

Nous avons reçu deux subventions du ministère, l'une de 500 francs, l'autre de 200, ce qui nous a permis de régler tous les sinistres, sans aucun retard.

A ce propos, voici comment nous opérons pour les règlements :

Quand une bête a péri, le propriétaire qui, pendant la maladie, a dû, d'après les statuts, prévenir l'expert du quartier, ce propriétaire vient trouver le secrétaire-comptable de la Société, celui-ci calcule en sa présence les 4/5, sous déduction de la peau et de ce que l'on a pu retirer de l'animal, et il paie.

Quand il y a eu ainsi trois ou quatre pertes, il fait le pour cent de la Société. Simple règle de trois:

Le capital social assuré étant par exemple de 70 000 francs, la perte de 500 francs, le pour cent se dégage tout de suite :

$$70\,000 \qquad\qquad 500$$
$$100 \qquad\qquad x$$

$$\text{d'où } x = \frac{500 \times 100}{70\,000} = 0,71$$

Le compte de chaque assuré est dès lors facile à faire : On n'a qu'à multiplier la valeur assurée de chacun par 0,71 et diviser le produit par 100.

On envoie par la poste, à 0 fr. 01 ajouté à chaque sociétaire, un imprimé dont on remplit les blancs par les indications voulues, la somme réglée par l'assurance, le pour cent, la somme à verser par chacun, avec prière de régler, dans la quinzaine, au délégué de quartier, en rapportant l'imprimé.

Les assurés vont donc verser leur cotisation au délégué, qui, trois semaines ou un mois après, vient apporter son compte, avec tous les imprimés, qui me sont précieux pour le contrôle. C'est ainsi que depuis la fondation, nous avons sans difficultés ni récriminations, mais au contraire, à la grande satisfaction de tous, réglé 31 sinistres, et payé 2 556 fr. 30 d'indemnités.

Les pour cent se sont élevés à 1 fr. 05 une année, ils ont oscillé pour deux ou trois autres entre 0.50 et 0.70. En 1904, il a été de 0.70 et de 0.30 en 1905.

On voit que la cotisation se tenait dans des limites restreintes. La mortalité est en général peu élevée dans nos parages. Nous en combattons une cause sérieuse avec succès par l'emploi du trocart, déposé chez chaque délégué, qui en cas de météorisation opère la bête atteinte et évite souvent un décès.

Telle est, Messieurs, notre œuvre d'assurance, c'est une institution excellente en elle-même, facile à créer et à administrer, et qui est de nature à faire régner entre ses membres la cordialité et la concorde.

Puisque j'ai la parole, permettez-moi de la garder encore quelques minutes, pour vous dire un mot d'une œuvre tout aussi importante, plus importante même que l'assurance bétail, et que je ne puis résister au désir de vous recommander.

C'est la Caisse Rurale !

Son objet, c'est de procurer de l'argent à ceux qui en ont besoin pour leur travail.

Cette œuvre a pour but de prêter de l'argent, cependant elle se fonde sans un sou.

Et voici comment :

Trois hommes honorables de la commune se réunissent, et signent des statuts portant création d'une Caisse Rurale dans leur localité, statuts qui leur ont été fournis par l'Union des Caisses rurales et ouvrières de France (17, avenue de Saxe, Lyon).

Ces statuts stipulent qu'une Caisse Rurale est fondée à X... qu'elle constitue une Société en nom collectif, à capital variable, régie par la loi du 22 juillet 1867 ; qu'elle recevra de ceux qui en ont, de l'argent dont elle paiera l'intérêt à 3 %, et qu'à ceux qui en ont besoin, elle en prêtera à raison de 4 %.

Ces statuts sont déposés, conformément à la loi, aux greffiers de la Justice de paix et du Tribunal de commerce ; mention de la constitution de la Caisse est publiée dans les journaux.

Quelques jours seront à peine écoulés, que déjà les épargnistes viendront vous offrir des fonds, et que des emprunteurs vous en demanderont.

Les épargnistes ont confiance, pourquoi ? Parce que tous les membres de la Caisse, tous ceux qui signent sur le registre des entrées, sont solidairement responsables des remboursements sur la totalité de leur avoir.

Et cette responsabilité n'a rien qui doive effrayer ; pourquoi encore ? Parce que chaque demande est étudiée par le Conseil de la Caisse, composé de trois ou six membres. On ne prête qu'en certains cas jugés productifs et utiles ; il n'est prêté qu'à ceux qui présentent une garantie sérieuse, garantie morale par leur caractère et leur valeur professionnelle, garantie légale par l'offre d'une caution ; une caution est l'offre d'une personne solvable qui s'engage, par une signature apposée sur le titre d'une prime à rembourser, si le débiteur ne le fait pas lui-même. Les frais du billet sont de 0,05 par 100 francs.

C'est dans ces conditions que fonctionnent les caisses rurales ; que chaque jour elles prennent un développement plus grand, et une influence plus salutaire.

Je dis salutaire, car elles permettent de pratiquer dans toute la plénitude, la maxime fondamentale de notre religion : Aimez-vous les uns les autres.

Dans ma paroisse, la Caisse, fondée en 1898, au milieu de mille objections, n'a cessé de prospérer. Elle réunit aujourd'hui plus de 300 personnes, et son chiffre d'affaires dépasse 400 000 francs, sans qu'elle nous ait suscité le moindre ennui sérieux.

Messieurs, je ne puis mieux terminer cette causerie trop longue, car elle retarde la marche de notre séance trop courte, car je suis obligé de passer les détails intéressants, qu'en vous disant : « Essayez et vous m'en direz des nouvelles. » C'est en ces sortes de choses que l'on doit marcher de l'avant, en se disant : « Cherchons d'abord Dieu et sa Justice, » vous verrez que le reste vous sera donné par surcroît !

Ces conseils sont accueillis par d'unanimes applaudissements. La discussion continue.

Chartier (de Fougères) voit dans le crédit agricole un remède à la dépopulation des campagnes, dont une des principales causes est l'émigration vers les grandes villes.

Regnault (de Rennes), parle, à ce propos, des mutualités d'émigrants organisées par nos amis du Nord et du Pas-de-Calais et mentionne que leur fonctionnement a été exposé dans une brochure de l'*Action populaire*, par M. François.

Aubert (de Brest) signale l'émigration bretonne qui se fait depuis quelques années vers le Canada et regrette qu'un grand nombre de nos compatriotes l'aient encouragée.

Le Président reprend l'idée de Chartier :

I. — Les gens de la campagne émigrent parce qu'ils ne gagnent pas d'argent. Ce n'est pas qu'ils ne voient les moyens d'arriver à de meilleures affaires, mais ils ne peuvent le plus souvent les utiliser. Ils savent bien qu'il leur serait avantageux, par exemple, d'acheter des engrais, des instruments plus perfectionnés, parfois, une tête de bétail, de reculer la vente de denrées dont le cours est peu élevé à une époque où l'on prévoit qu'il aura haussé, toujours de profiter d'un bon marché. Ils le feraient volontiers, mais il leur faudrait, pour cela, des ressources acquises ou des avances, et elles leur font défaut.

II. — Les militaires, à la fin de leur service, quittent leur pays. Ils y resteraient bien, s'ils pouvaient s'y établir, mais comme ils manquent d'argent et de crédit, ils s'en vont vers les grands centres, où ils perdent, le plus souvent, et leurs forces et leur moralité.

L'émigration est un mal. Les émigrants et la société en souffrent. Elle a souvent pour origine un véritable malaise pécuniaire. Il faut la combattre, et, dans la mesure du possible, en tarir les sources. C'est une obligation pour tous d'y travailler; c'est *un devoir social impérieux* pour nous autres catholiques, notamment en notre qualité de catholiques, de disciples de N. S. Jésus-Christ qui « avait pitié de la foule ».

Or, nous avons vu que les gens de la campagne émigrent faute de crédit. — Ils émigrent pour d'autres raisons encore, sans doute, mais ces raisons sont peut-être de moindre importance, et il n'est pas lieu de les retenir. — Ils émigreraient beaucoup moins, s'ils avaient du crédit. Il faut donc leur en procurer.

De quelle manière ? Par un procédé fort simple — l'établissement d'une caisse rurale. Rien de plus simple qu'une caisse rurale, que son fonctionnement, que sa création.

I. — Une caisse rurale est une banque rurale. Elle a, pour administrateurs, des gens de la campagne ; pour garantie, les biens et la solvabilité de tous ceux qui font avec elle une opération quelconque; ses clients peuvent devenir ses administrateurs, comme ceux-ci, ses clients ; enfin administrateurs et clients se connaissent parfaitement.

II. — *a)* Elle *prête*, sans frais, de l'argent à ceux qui ont besoin d'avances, ou qui, se trouvant dans la gêne, ont à cœur d'en sortir. Elle n'exige d'eux des intérêts qu'au taux ordinaire. Elle accepte, de leur part, des remboursements partiels, échelonnés sur un espace de temps relativement court, variable néanmoins suivant leurs besoins.

b) L'argent qu'elle prête ainsi, elle se le fait apporter par ceux qui ont des capitaux disponibles. Elle attire à elle les détenteurs de ces capitaux par les intérêts qu'elle offre de leur payer, et la promesse de leur remettre leurs fonds dès qu'ils en auront besoin.

c) Le taux de l'intérêt qu'elle sert aux déposants est moins élevé que celui de l'intérêt qu'elle exige des emprunteurs. Cette différence lui sert à constituer un fonds de réserve qu'elle ne se crée que pour faciliter ses opérations.

III. — Pour qu'une caisse rurale existe, il suffit de trois hommes de bonne volonté. Ils signent des statuts en triple exemplaire, en déposent deux aux greffes du Tribunal de commerce et de la Justice de paix du ressort, et gardent le troisième. Dès ce moment, la caisse rurale est fondée et peut faire des opérations.

Qu'on ne croie pas que la caisse rurale ne trouvera pas de prêteurs : malgré la crise agricole, il y a de l'argent dans les campagnes; en l'apporte à la caisse rurale — là où elle existe. — Celle-ci le prête et rend de très grands services.

A l'œuvre donc, pour la fondation des caisses rurales. Au reste, tous renseignements d'ordre technique les concernant, sont donnés, d'une manière très claire, dans le *Manuel pratique à l'usage des fondateurs de caisse rurale* publié par M. Louis Durand et édité par la maison de la Bonne Presse : le coût de ce manuel est de 1 franc (1).

Lechartier voudrait voir des caisses de crédit ouvrières exister à côté ou concurremment avec les caisses rurales.

L'abbé Janvier (de Rennes) sépare, d'une manière absolue, ces deux institutions.

— Plusieurs congressistes, sachant que M. l'abbé Janvier avait établi à Rennes une caisse de crédit ouvrière, lui demandent d'en exposer le fonctionnement et les résultats. Le Président permet cette diversion, fort intéressante, comme on va le voir :

Cette caisse a pour clientèle exclusive des ouvriers, actuellement au nombre de 900. Ceux-ci lui apportent leurs fonds, dont elle leur sert l'intérêt à 3,25 %, et lui font des emprunts, pour lesquels elle leur réclame un intérêt au taux de 4 %. Le maximum du prêt est de 150 francs.

Les remboursements sont effectués au moyen d'acomptes *payés obligatoirement chaque quinzaine*, suivant un barème établi à l'avance.

Les acomptes sont prêtés au fur et à mesure de leurs rentrées.

Les prêts ne sont consentis qu'avec cautions solvables. En cas de retard dans l'acquit des acomptes, des avertissements sont portés à l'intéressé : les deux premiers sont faits par lettre, et le troisième par un huissier que la caisse s'est attaché. Chaque avertissement coûte au retardataire, le premier 0,01, le deuxième 0,05, et le troisième 0,25.

Si un emprunteur et ses cautions étaient insolvables, la perte serait subie par tous les adhérents.

Il n'y a pas eu de pertes sérieuses à déplorer. Le service de la caisse

(1) On peut s'adresser 82, rue Hoche, Rennes.

exige une comptabilité étendue, qui occupe à longueur de journée un employé rétribué.

La moyenne annuelle du roulement de fonds est de 80 000 francs, et celle des emprunts de 30 000 francs.

La c.isse n'a pas reçu de subvention de l'État, mais, par contre, elle ne subit, en aucune manière, son ingérence.

Cette communication de M. l'abbé Janvier est accueillie par des applaudissements unanimes.

Jacob (d'Auray) dit qu'il existe à Auray une caisse mixte de crédit ouvrière et rurale : le montant des prêts faits par elle ne peut jamais être supérieur à 8 000 francs en totalité ; le maximum du prêt de consommation ne peut pas dépasser 100 francs, mais celui de tout autre prêt peut atteindre 1 000 francs.

Le Président parle de la caisse rurale fondée par lui à Pordic : elle a fait jusqu'ici pour 150 000 francs d'affaires, a prêté 20 000 francs l'année dernière et reçu, cette même année, 17 000 francs de remboursements. Il ajoute qu'il existe, dans les Côtes-du-Nord, 25 caisses rurales.

Robet (de Nantes, — délégué au congrès de l'Union diocésaine nantaise), parle du développement du crédit agricole dans la Loire-Inférieure ; 100 caisses rurales y ont été établies et sont en pleine activité. La Jeunesse Catholique en a organisé beaucoup, et les membres de plusieurs groupes s'occupent de l'administration de celles de leurs paroisses. Il signale, en passant, que le capital assuré par la *Mutuelle-bétail* de Montbert s'élève à 120 000 francs.

Jacob mentionne deux paroisses modèles dans le Morbihan au point de vue de l'organisation des œuvres rurales : Camoël et La Roche-Bernard ; la première paroisse possède une caisse rurale et une mutuelle-bétail ; la seconde, un syndicat agricole et une mutuelle-incendie.

Le Président rappelle le congrès régional des Caisses rurales qui s'est tenu à Nantes, l'année dernière, et que des travaux présentés, il résulte que ces institutions de crédit ont été, en majorité, fondées par des catholiques.

M. de Roquefeuil (de Plougrescant) dit que la caisse rurale de sa commune consent des prêts pour une durée de *quatre* ans et que les remboursements sont effectués à la suite d'une foire ou d'une récolte, un an ou dix-huit mois après que l'emprunt a été contracté.

Chartier parle de certaines municipalités qui se portent caution pour leurs administrés, qui peuvent ainsi faire à crédit des achats de bestiaux. Ce système est à combattre à cause de la dépendance où il tient ceux qui en bénéficient vis-à-vis de l'administration municipale, — en fait, les municipalités qui le pratiquent sont sectaires — ; le meilleur moyen de le faire disparaître consiste dans la création de caisses rurales.

Harscouët de Keravel mentionne les caisses rurales officielles. Leur caractéristique est que, créées dans un but électoral et politique, elles renferment des personnes totalement étrangères au métier d'agriculteur : tel l'instituteur, et ne visent qu'à cette chose, domestiquer les fermiers, qui auront des obligations vis-à-vis d'elles. D'autre part, elles sont la plupart du temps du type caisse rurale à capital limité, ce qui la force à avoir recours perpétuellement au crédit agricole du gouvernement, ce qui ôte toute indépendance à cette institution. En Ille-et-Vilaine, on en trouve surtout dans l'arrondissement de Redon : elles sont, en général, peu prospères.

Robet conseille la création de mutuelles-incendie. Leur organisation est recommandée aux instituteurs comme un excellent moyen de propagande : il ne faut pas nous laisser distancer par eux.

M. de Laubier indique que le mouvement est parti du Sud-Est. Les mutuelles-incendie de cette région comptent 9 000 membres. Dans l'Ouest, il en a été fondé quelques-unes. Il en existe 5 dans la Mayenne, 2 dans la Loire-Inférieure, une dans le Morbihan, à Auray. La grosse difficulté à vaincre, c'est la réassurance. Il faut que la mutuelle-incendie puisse se réassurer contre ses propres risques, à une Compagnie plus forte, plus riche. Or, la plupart des grandes Compagnies se dérobent, et cela est naturel, puisque les mutuelles-incendie ont pour résultat de leur enlever leur clientèle.

Robet dit que le *Syndicat des Assureurs de Paris* a décidé de ne pas réassurer les mutuelles-incendie et de les combattre.

Jacob mentionne que la mutuelle-incendie d'Auray a trouvé une Compagnie qui a consenti à la réassurer, mais cette Compagnie tient à rester inconnue pour ne pas se faire détester des autres.

Lechartier voudrait que les syndicats agricoles soient les soutiens et les organes de direction de ces diverses œuvres rurales.

M. de Laubier lui répond que l'*Union des Syndicats de Bretagne*, qui vient de se reconstituer, va organiser, en juillet prochain, un congrès où cette question sera traitée.

M. Paturel, président, demande, pour conclure, que les groupements de jeunesse catholique, dans leurs réunions d'études se proposent, comme objet immédiat de leurs travaux, l'organisation des diverses œuvres qui viennent d'être passées en revue, notamment des caisses rurales et des mutualités contre la mortalité du bétail.

La séance est levée après la prière d'usage.

C'est par le train de 4 h. 40 que devaient arriver Jean Lerolle et l'abbé Tournade. Bien avant l'heure, de nombreux congressistes stationnent dans la cour de la gare. Tout le monde veut voir Jean Lerolle, et dès qu'il apparaît, accompagné de Mme Lerolle et de l'abbé Tournade, c'est une vibrante acclamation qui l'accueille. Il paraît bien fatigué ; la soirée du lundi et la journée du lendemain ne vont pas le reposer ; mais que ne ferait notre cher Président pour ses Bretons ?

Pendant que Mme Jean Lerolle gagne l'hôtel, notre ami et l'abbé Tournade se dirigent vers le Patronage Saint-Joseph. Mille congressistes sont là. Une ovation indescriptible est faite à Lerolle. Quand le silence s'est rétabli, notre ami remercie la Bretagne de l'accueil qu'elle lui fait.

On vient d'apprendre le résultat des élections pour le Comité provincial. C'est en présence de Lerolle qu'il est proclamé.

Louis Dubois est réélu président par acclamation ; *François Radenac*, typographe, de Saint-Brieuc, et *Victor Chevassu*, d'Hennebont, sont nommés vice-présidents ; *L. Harscouët de Keravel* reste secrétaire général ; *René Fauger-Dupesseau*, de Quimper, *Louis Kerbiriou*, de Brest, *Carnac*, de Pontivy, sont élus membres du Comité.

RÉUNION BRETONNE

Dans une salle voisine, à la même heure, notre ami Yves Connan, de Perros-Guirec, préside une réunion réservée aux Bretons bretonnants. M. l'abbé Bescond, vicaire de Pommerit-

Jaudy, dit à ses auditeurs la nécessité de se grouper dans une association sincèrement et avant tout catholique, puis il montre comment cette condition est remplie par la *Jeunesse Catholique*, dont il développe le programme.

. . . .

UNION DIOCÉSAINE DES COTES-DU-NORD

A 5 heures, les congressistes des Côtes-du-Nord se réunissent pour constituer une Union diocésaine. C'est Albert Chareton, de Lannion, qui préside. Jean Lerolle est à ses côtés.

La parole est donnée à notre ami Letonnelier pour la lecture de son rapport.

Rapport sur la Fondation d'une Union diocésaine dans les Côtes-du-Nord.

MES CHERS AMIS,

Nous sommes réunis ici pour jeter les bases d'une *Union diocésaine*. Dans un temps de luttes quotidiennes où il faut toujours être en haleine, le meilleur moyen d'être forts, c'est de se sentir près les uns des autres, de se savoir régis par les mêmes règles, de compter sur le concours de ses voisins, et si, dans la mêlée, une défaillance arrive, être sûr que tout n'est pas perdu, car pour un soldat blessé, deux sont là dans la réserve, pour le remplacer.

L'union fait la force, a-t-on dit ; cette devise est devenue un axiome dont la vérité est aussi éclatante que la lumière du soleil aux plus beaux jours d'été.

Chaque jour, nous pouvons voir, dans le monde politique comme dans le monde économique, la réalisation de l'Union. Les membres de telle ou telle société ont quelques divergences dans leurs caractères ; toutefois, ils se sont unis sur un point, qu'ils cherchent à réaliser tous, par les mêmes moyens, et c'est là qu'ils sont devenus forts ; les coups qu'ils frappent ensemble contre l'obstacle qui les gêne, semblent d'abord n'avoir aucun résultat. L'obstacle formidable se dresse devant eux, les narguant, comme naguère Goliath contemplait dédaigneusement David. Peu à peu, les coups deviennent plus terribles et, à force de patience, victoire reste à la persévérance.

Notre but à nous, jeunes catholiques, c'est d'arriver à glorifier le Christ, en nous dépensant pour son service et en cherchant à lui amener les âmes pour lesquelles il a tant souffert et qui semblent ne pas même le connaître. C'est pourquoi nous nous sommes déjà unis sous le drapeau de la France et sous celui de la Bretagne.

Mais sommes-nous assez unis ?

Ne serait-il pas bon de s'unir encore de plus près ?

Voilà posée la question de l'opportunité d'une Union diocésaine.

I. — Opportunité d'une Union diocésaine.

L'Union diocésaine, telle qu'elle est comprise généralement, est la fédération des groupes de ce diocèse qui veulent assurer leur conservation et leur développement. Les moyens employés pour y parvenir sont ordinairement les suivants : comité diocésain, assemblée annuelle, organe mensuel.

Ces moyens ont pour but : 1° le service de la propagande, c'est-à-dire l'extension extérieure des groupes ; 2° le développement même des groupes, ce que l'on pourrait appeler l'extension intérieure.

L'Union provinciale préconise des idées sans les particulariser : l'Union diocésaine, par son Comité qui se réunit assez fréquemment et correspond d'une façon régulière, va trouver le moyen d'appliquer ces idées à chaque groupe, connaissant son organisation, son milieu ambiant, sa nature particulière.

Ce que l'on cherche dans une Union diocésaine, c'est de mettre les jeunes au courant de ce qui se passe dans les différentes œuvres du diocèse, d'établir un même courant d'idées avec un service de renseignements pratiques; enfin de tenir les groupes en haleine, en les faisant se coudoyer chaque année dans un Congrès diocésain.

Mais, objectera-t-on, l'Union provinciale ayant déjà un congrès, cela fera deux réunions analogues chaque année et il sera bien difficile aux groupes d'y envoyer des délégués.

L'objection est sans fondement et se trouve résolue lorsque l'on considère la différence éminente qui existe entre un congrès régional et un congrès diocésain.

L' « Union de la Jeunesse Catholique Bretonne, » tient ses assises chaque année dans un des diocèses à tour de rôle. La ville désignée doit être à portée des grandes voies de communication, très bien, mais les localités éloignées ne peuvent envoyer des groupes compacts, les frais seraient trop considérables. D'autre part, vu cet état de choses, on cherche à réunir le plus possible des représentants de groupes différents, et non le plus possible de membres de chaque groupe.

Au point de vue pratique, le congrès diocésain peut coïncider avec le congrès régional dans le diocèse désigné. Double avantage. Dans le cas où il n'y a pas coïncidence, il est facile de changer le lieu de réunion, et de le faire advenir dans les principaux centres. Cette méthode permettra à l'Union diocésaine de jeter dans tous les coins de son champ d'action ce ferment d'idées saines qu'elle puisera dans l'*Association Catholique de la Jeunesse Française*.

La préparation du Congrès annuel, sa réalisation, seront à la charge du Comité diocésain.

Préparer un congrès n'est point une sinécure. Cela ne va pas sans un travail opiniâtre; nos camarades du groupe Saint-Brieuc, qui ont pris part active à la préparation de celui qui nous réunit aujourd'hui, savent ce qu'il en coûte d'efforts.

Le congrès passé, il ne faut pas qu'il reste sans résultat; ce serait un mal considérable. Il est vrai que les membres ayant pris part aux discussions, rapporteront à leurs camarades ce qu'ils ont vu et entendu; on prendra de bonnes résolutions que l'on mettra peut-être en pratique quelque temps, mais qui finalement seront oubliées, soit par manque d'énergie, soit par manque d'application pratique. La réalisation du Congrès demande donc un travail aussi considérable que sa préparation.

Préparation, réalisation seraient confiées, dans l'Union projetée, à un Comité diocésain. Et voilà bien la question qu'il nous importe d'éclaircir.

II. — FORMATION DE L'UNION.

A tout Comité il faut des statuts, or, le temps nous manque pour rédiger et arrêter d'une façon définitive ces statuts; mais nous pouvons voter en principe les idées qui présideraient à la confection de ces statuts, dont on pourrait donner la rédaction à la charge d'un Comité provisoire.

Parmi les moyens de développement de la vie des groupes, dont aurait à s'occuper l'Union diocésaine, il en est plusieurs qui semblent primer pour ainsi dire les autres : propagande par la visite des jeunes dans les communes dépourvues de groupes; organisation intérieure des groupes existants, en s'occupant des moyens propres à développer les éléments disponibles; développement de l'œuvre de la Bonne Presse, véritable lien entre tous les groupes, en dehors de toute préoccupation politique et ne visant qu'un but, qui est le nôtre : faire connaître Dieu à la foule.

Ajoutons à cela la préparation du congrès annuel, la charge des relations avec l'Union provinciale, l'entretien des liens entre les différents groupes, soit par correspondance, soit par un bulletin mensuel.

Toutes ces questions sont à étudier longuement et ne peuvent être résolues tout de suite.

Je propose donc que, pour leur étude, nous votions un Comité provisoire ayant des représentants des différentes circonscriptions du diocèse.

Les chefs-lieux d'arrondissements semblent désignés pour être le centre des groupes s'y trouvant. Les communications y sont généralement centralisées, et leur accès facile. S'il n'existe pas de groupe au chef-lieu, il y en a de peu éloignés, et ceux-là seront le centre.

Jusqu'ici, Saint-Brieuc et Dinan se sont occupés de la propagande en dehors de leurs groupes respectifs, mais la besogne devient plus considérable, par suite de l'extension de l'*Association*, et d'ailleurs, ils ne sont pas à portée des contrées trécorroises ou loudéaciennes. Le Comité diocésain, formé de dix membres, à raison de deux par arrondissement, prenant à sa charge l'extension, aurait plus de chance de réussite, parce qu'il se réunirait assez fréquemment, autant que possible à dates fixes et par sa constitution même serait plus apte à connaître les intérêts particuliers de chaque région.

En pratique, les délégués des groupes présents auraient droit, s'ils le désirent, à prendre part au vote du Comité provisoire, chaque groupe ayant à sa disposition un nombre de voix proportionnel au nombre de ses membres. Ils n'engageraient aucunement leur groupe par ce vote, ne pouvant se prononcer sur l'affiliation à une Union dont les statuts ne sont pas rédigés. Après fondation de l'Union, d'une façon définitive, liberté serait également laissée aux groupes, de se prononcer pour ou contre l'affiliation.

J'aurais voulu disposer de plus de temps pour pouvoir développer, devant vous, tout un programme d'action, pour cette Union diocésaine qu'il vous est tous à cœur de réaliser. Ce sera là matière au premier congrès diocésain dont nous pourrions demander au Comité provisoire la réalisation pour le commencement de l'hiver prochain.

Il va sans dire que le Comité aura son aumônier, qu'il demandera à l'autorité ecclésiastique, et qu'il ne fonctionnera pas sans s'être assuré avant de l'approbation du haut clergé diocésain.

En réalisant une Union diocésaine, nous ne ferons pas une innovation. Dans tous les coins de la France, il en existe quelques-unes qui donnent de merveilleux résultats. Le but que nous poursuivons est noble entre tous. Ne craignons pas de continuer à bien faire, en cherchant à agir de mieux en mieux, car tout arrêt dans pareille voie est un recul déplorable. Fidèles à notre devise : *Pour Dieu, pour la France, en avant !* marchons vers une organisation qui sera pour nous un sûr garant de victoire.

La force de nos ennemis vient de ce qu'ils sont puissamment unis ; le fait est tellement évident qu'il n'est pas besoin de le prouver. Retournons leurs armes contre eux, ou plutôt, suivons leur tactique ; soutenons-nous, vivons en nous sentant les coudes, agissons avec loyauté, désintéressement ; n'ayons pas crainte de sacrifier notre intérêt et nos vues personnelles à l'intérêt général. C'est là le secret de toute union. Au-dessus de toutes ces considérations, posons celle, bien supérieure, de l'intérêt de la religion, et soyons sûrs que nous aurons finalement gain de cause. La réussite va aux persévérants.

Cette intéressante lecture achevée, *M. Paturel* demande quel serait le rôle pratique de cette Union.

Houard. — C'est la propagande. Jusqu'ici, deux groupes seulement : Saint-Brieuc et Dinan, ont travaillé à l'extérieur. Il est incontestable qu'ils ne peuvent suffire. De vingt groupes qu'on possède dans le diocèse, on passerait vite à un nombre bien supérieur.

De plus, les groupes seraient moins isolés, les visites seraient bien plus fréquentes entre les groupes.

Jean Lerolle. — Le but de l'*Association* est l'organisation de la *Jeunesse-Catholique Française*, afin d'en faire une force sociale. Si chaque groupe est une petite chapelle, on aura beau avoir beaucoup de groupes, on n'arrivera qu'à des résultats médiocres, faute d'entente et de programme commun, il faut donc de l'organisation. L'*Association* est donc une organisation. Mais une Association pour toute la France est trop vaste et trop vague.

Ce qui nous appelle à créer des Unions diocésaines, c'est une idée de décentralisation, c'est aussi une idée catholique.

L'Église est organisée, la base c'est la paroisse, de même, le groupe idéal est le groupe paroissial ; comme les paroisses sont groupées autour d'un évêché, de même les groupes doivent se fédérer dans le diocèse comme les paroisses autour de leurs évêques. Il est très utile de grouper les forces catholiques autour des chefs catholiques.

Quant aux services que peut rendre l'Union diocésaine : mais ce sont les *projections*. Un groupe est incapable de réussir à monter cette œuvre s'il est seul ; mais les cercles d'études eux-mêmes sont encore assez vite à court de documents, au bout d'un certain temps, on a besoin de sujets d'études, de tracts, de livres : l'Union diocésaine rend ces services. Il vient du centre des énergies, des concours qu'on ne saurait se procurer ailleurs que difficilement.

En résumé, les deux idées qui militent en faveur de l'établissement des Unions diocésaines sont une *idée d'organisation* et une *idée de services*.

Quelques autres explications sont demandées et l'on procède à la nomination d'un Comité diocésain provisoire pour les Côtes-du-Nord.

SÉANCE DU SOIR

Il est 8 h. 1/2, la salle Saint-Joseph est archicomble ; impossible d'y faire entrer tous les congressistes. Plus de mille JEUNES CATHOLIQUES sont venus au Congrès : comment les admettre dans une salle qui peut en contenir 600 ? On se presse, on reste debout, l'allée centrale est occupée, pas une place n'est libre.

Jean Lerolle préside, Mme Lerolle est à sa droite et Louis Dubois à sa gauche. Comme avant la représentation on doit lire un travail de Bertin-Bouvet sur les *Salles de lectures rennaises*, dont notre ami a eu l'initiative, on se lève pour la prière, puis la parole est donnée au président de la Conférence Saint-Melaine, de Rennes.

Les Salles de lecture populaires,
rapport présenté par Bertin-Bouvet, de Rennes (1).

MADAME,
MES CHERS AMIS,

Parmi tant de maux qui épuisent la Société moderne, en est-il dont l'acuité se présente avec autant de relief, que ceux de la mauvaise littérature ?

(1) Une brochure intitulée *Les Salles de Lecture* est parue à l'*Action Populaire*. En vente, 32, rue Hoche, Rennes.

Nous sommes devenus, sans conteste, des Maîtres dans l'art pornographique, et cet article d'exportation — à défaut d'autre — serait le plus florissant si l'étranger n'avait pas posé des bornes, en prohibant la corruption encouragée chez nous.

La Presse athée — sous forme du journal quotidien — infiltre son poison, souvent dissimulé, mais combien inquiétant, dans toutes les classes de la Société.

Tels des morphinomanes, il est des habitués de mauvais journaux qui ne savent plus réagir contre les insanités qu'ils y lisent; et c'est ainsi que, chaque jour, se perd davantage toute notion des principes d'ordre et d'équité, que la famille est désorganisée, la vertu incomprise, qu'en un mot, dans un monde de jouisseurs, la Société chancelle sur des bases sans cesse battues en brèche.

Devant ces forces agissantes de nos adversaires, nous, les catholiques, nous avons usé les nôtres à des œuvres multiples, mais disséminées et trop souvent d'intérêt secondaire.

Dieu merci, la face des choses a bien changé ces dernières années. Le gigantesque travail d'assainissement qui s'imposait est commencé. Saluons ici, mes amis, de hardis combattants, saluons aussi avec respect les journaux catholiques. Ils ont fièrement relevé le challenge de l'ennemi et, si la France espère en des jours meilleurs, c'est à eux surtout, c'est à leur initiative qu'elle le doit.

Mais les saluer ce n'est pas assez pour nous. Il nous faut encore coopérer à l'œuvre de résurrection de la Presse catholique, et pour cela la colporter partout, la faire lire dans tous les milieux... C'est la dernière liberté qui nous soit encore laissée : servons-nous en et groupons tout autour le concours de toutes les bonnes volontés.

La J. C. Rennaise a compris la grandeur de cette tâche qui s'offrait à son action. Sans mesurer la hauteur du but à ses faibles moyens, elle est entrée en lice résolument.

Il nous a semblé, à nous ses membres, qu'en ouvrant des Salles de Lecture populaires gratuites dans les rues de notre ville, le peuple y viendrait lire les journaux et les revues que nous lui servirions, et nous avons vu dans ce moyen de propagande une méthode d'action très efficace, puisqu'elle permettait d'agir sur la mentalité des lecteurs suivant les brochures mises à leur portée...

En France, rien de semblable n'existait; pourtant, l'idée n'est pas nouvelle, car l'étranger en avait fait son profit depuis longtemps. Nous n'avions qu'à importer chez nous les Librairies publiques d'Angleterre et d'Amérique.

Ce présent rapport a pour but de vous expliquer le développement de notre œuvre à Rennes. Puisse la facilité avec laquelle nous avons créé les premières Salles de lecture populaires vous inciter à rechercher le résultat !

Il fut question, pour la première fois, de cette œuvre dans une causerie que j'eus l'honneur de faire au Cercle Saint-Melaine, de Rennes, le 9 juillet 1905, et dont la *Jeune Bretagne* a publié le texte (1).

J'y étudiais le fonctionnement des Librairies publiques, en Angleterre, et les moyens de les acclimater en France.

Les Librairies publiques, chez nos voisins, sont de luxueux palais, gratuitement ouverts au public tous les jours et toute l'année. On y va lire des journaux, disposés sur des pupitres, et des revues alignées sur des tables. Une bibliothèque adjacente prête avec complaisance quelques-uns de ses milliers de volumes, qui se peuvent même emporter à domicile.

Un article, paru dans le *Matin* du 22 mai 1905, raconte avec humour comment un riche Américain, M. Carnegie, fut amené à se dépouiller d'un milliard de sa fortune en faveur de ces institutions. Grâce à ce génial philanthrope, et comme sous le coup d'une baguette de fée, elles se sont répandues dans toutes les villes et jusque dans les bourgades du Royaume-Uni.

Mais vous comprendrez que si la roue de la Fortune a favorisé l'Angleterre, il en va autrement en France, et nos débuts seront modestes.

A Rennes, nous avons d'abord fondé une Salle de Lecture privée, dont les adhérents paient une cotisation annuelle de dix francs, nécessaire pour couvrir l'achat de publications et les frais généraux.

Ce premier effort a porté des fruits : ouverte le 1er janvier cette année, la « Salle de Lecture Rennaise » compte plus de cent cinquante adhérents et reçoit quatre-vingts revues...

A sa tête est placé un Comité de quinze membres, composé de notabilités rennaises.

(1) Dernier numéro de la même année.

Les adhérents, qui forment une élite intellectuelle, se sont vivement intéressés à notre but philanthropique et nous ont secondés : n'est-il pas compréhensible et social, en effet, que des personnes à qui la fortune permet de recevoir un si grand nombre de publications, en mettent quelques-unes à la disposition de braves gens qui n'ont pas le moyen de s'en procurer ?

Dès le 1er février, une Salle de Lecture populaire gratuite s'ouvrait, 1, rue Saint-Georges. Grand, vous le pensez, fut l'ébahissement des premiers lecteurs : quels étaient donc les originaux qui faisaient les frais des Salles de lecture, se demandait-on ? La réponse était facile à ceux qui connaissent l'amour que la *Jeunesse Catholique* professe pour le peuple, amour journellement manifesté par des œuvres utiles — et non par des déclamations et de vagues promesses.

Une seconde Salle de Lecture s'ouvrait un mois plus tard, 11, rue Saint-Hélier. Son succès fut si considérable que, après deux semaines d'ouverture, il fallait choisir un local plus spacieux, au 32 de la même rue.

Ces jours-ci, le groupe N.-D. de Bonne Nouvelle, de la J. C. Rennaise, prépare une troisième salle, au 95 de la rue Saint-Malo (1).

Notre dévoué secrétaire général, Harscouët de Keravel, étudie, avec le groupe Saint-Étienne, la fondation d'une quatrième salle, rue de Brest.

Enfin, rue de Nantes, les demandes sont également pressantes, et là sera ouverte, sans doute, notre cinquième salle.

Comme vous le voyez, nous allons englober Rennes dans un réseau de Salles de Lecture populaires. Mais, pour bien saisir toute la portée de notre œuvre, envisageons ses conséquences, comprenons que l'ouvrier, l'employé de commerce étaient astreints jusqu'ici à fréquenter les cabarets pour occuper leurs heures de loisir à boire, à lire des journaux et à causer entre amis.

Or c'est là bien souvent un dangereux passe-temps !

Nombreux, en effet, sont-ils, ceux qui dépensent au cabaret l'argent nécessaire au ménage, à boire plus que de raison, qui n'y lisent que de mauvais journaux et la séquelle des publications licencieuses, et, plus nombreux encore, ceux qui, par des fréquentations déplorables

(1) L'ouverture de cette Salle a eu lieu le 28 avril.

ruinent là leur santé morale et trop souvent aussi — hélas ! — leur santé physique.

C'est à contre-cœur et faute de mieux que ces jeunes gens, ces ouvriers en sont réduits à de telles extrémités. Le foyer domestique n'est pas toujours gai et, avec le chômage, la diminution constante des heures de travail, les loisirs deviennent de plus en plus fréquents.

A ceux-là surtout, s'adresse la Salle de Lecture populaire. Il semble qu'à Rennes elle soit venue à son heure et qu'elle corresponde à un besoin des temps. Il est remarquable en effet que, dans un pays démocratique, chacun est avide d'acquérir des connaissances nouvelles et de se tenir au courant des événements politiques, économiques et sociaux. Cette éducation post-scolaire est un des modes de la civilisation moderne qu'il importe de développer et de canaliser.

Une sorte de clientèle s'est attachée dès les premiers jours à nos Salles de Lecture. Les jeunes gens y viennent lire les revues sportives, illustrées et instructives. Les hommes y circulent d'un journal à l'autre, méditant ici un article, là jetant un simple coup d'œil.

Beaucoup n'entrent que pour connaître les dernières nouvelles apportées par le « fil spécial », qui relie à Paris le « Nouvelliste de Bretagne » et le « Journal de Rennes », et qui, une fois entrés, s'attardent, eux aussi, à la lecture.

Et les vieux intransigeants à qui la fâcheuse habitude de lire régulièrement le même mauvais journal a inculqué des principes sectaires, cherchent ici la contrepartie victorieuse, l'admonestation sentie dont une dizaine de journaux catholiques fustigent ses préjugés ébranlés.

Voilà, n'est-ce pas, des résultats intéressants à constater et que je pourrais détailler plus longuement si je ne craignais de retarder la jolie soirée artistique annoncée après ce rapport.

Lorsqu'une œuvre est appelée à accroître les forces catholiques par de précieux concours, il serait désirable qu'elle reposât sur des bases solides : c'est le cas de la nôtre, adaptée aux circonstances dans lesquelles elle vit.

Nous nous trouvons généralement en face de deux situations pour fonder une Salle de Lecture Populaire :

Ou bien la population du quartier est sympathique à la religion, dotée d'œuvres paroissiales, et alors on peut créer une Salle de Lecture nettement catholique.

Ou bien cette population est indifférente, peut-être même hostile à toute œuvre confessionnelle, alors il est sage de donner à la Salle de Lecture un certain aspect de neutralité. Ces deux cas se sont présentés dès l'origine de nos Salles de lecture.

Rue Saint-Georges, nous avions une Fraternité et la Salle de Lecture, sous la direction d'un vicaire de la paroisse Saint-Germain, a parfaitement réussi avec des publications orthodoxes.

Rue Saint-Hélier, le milieu est différent. A côté de journaux comme *La Croix*, *La Libre Parole*, *L'Eclair*, *L'Echo de Paris*, les journaux de Rennes, nous avons cru pouvoir placer momentanément plusieurs feuilles moins orthodoxes, destinées à disparaître à bref délai.

Par ce moyen, nous amenons dans notre salle les gens des opinions les plus diverses et nous atteignons notre but, qui est de convertir ou de ramener à de meilleurs sentiments les impénitents ou les égarés. Et ceux-là ne viendraient pas, ou viendraient avec des idées préconçues, si la Salle de lecture n'avait pas au moins les apparences de la neutralité.

Après avoir étudié la clientèle de la future Salle de Lecture et s'être rendu compte que les résultats seraient favorables, on choisit un local de plain-pied avec la rue, bien éclairé, spacieux, le plus confortable possible.

On y aménage des pupitres contre le mur, des tables, des bancs, des appareils de chauffage et d'éclairage. Ne pas oublier l'enseigne en grandes lettres : « Salle de Lecture Populaire. Entrée libre », et chercher un gardien de métier sédentaire.

Nous entrons ici dans le fonctionnement des Salles de Lecture, d'ailleurs extrêmement simplifié.

A la tête de chaque Salle est placé un Comité local composé de braves gens du quartier, boutiquiers, contremaîtres, ouvriers, rentiers, etc.

Leur rôle consiste à faire de la propagande, chacun dans sa sphère, et à exercer une certaine surveillance en allant eux-mêmes lire de temps à autre.

Ils sont en général satisfaits d'être « quelque chose » dans l'organisation et, en échange d'une légère cotisation annuelle, ils ont le droit d'apposer, à l'entour des dépêches, la carte de leur maison, s'ils sont commerçants, ce qui constitue une réclame à laquelle ils sont sensibles.

Les revues proviennent de la Salle de Lecture Rennaise. Elles ne sont pas toujours de fraîche date, parce que les adhérents à cette Salle s'en réservent la primeur, mais elles intéressent le lecteur à cause de leur changement périodique.

Quant aux journaux, il est indispensable que les numéros soient affichés aussitôt parus. Les uns nous sont remis par les amis de l'œuvre, les autres viennent directement grâce à des abonnements de faveur.

Les amis de la bonne Presse nous sont très sympathiques, car la Salle de Lecture est un moyen économique de propagande, le même journal y étant lu 10, 20, 50 fois...

L'homogénéité entre les différentes salles est constituée par ce fait que chaque Comité local comprend un membre du Comité de la « Salle de Lecture Rennaise ».

De plus, un Comité Central, formé de tous les Présidents et Secrétaires, répartit les ressources provenant des réclames payantes et assure la bonne marche de l'œuvre.

Le bibliothécaire permanent de la Salle de Lecture Rennaise s'occupe de la comptabilité et règle le roulement des Revues entre les diverses Salles de Lecture.

C'est donc très simple. Cette organisation n'est même pas nécessaire pour un début, mais plus tard, nous en comprendrons l'utilité.

Passons aux ressources. A première vue, les trouver paraît être la grosse difficulté. Cependant les frais sont minimes, si on veut bien se rappeler que, en principe, les journaux et les revues ne coûtent rien.

400 francs suffisent à payer le loyer, l'éclairage et le gardien de chaque salle...

Comment obtenir cette somme ? Le gros appoint disons-le d'abord, peut être fourni par les industriels et les commerçants, dont les ouvriers vivent dans le voisinage.

En coopérant à cette œuvre, c'est pour eux payer une sorte de prime d'assurance sur la bonne moralité de leurs ouvriers et ils ne refusent pas leur concours.

Nous prions en outre chaque membre du Comité, pouvant le faire, de verser une cotisation de 5 francs, et les souscripteurs prennent ainsi un plus grand intérêt à une œuvre soutenue de leurs deniers.

Enfin, des personnes charitables se plaisent à collaborer à nos Salles de Lecture, de si haute portée sociale.

Mais il est intéressant d'envisager ici une ressource très précieuse et qui permettra, sans doute, de n'en pas chercher ailleurs. Je veux parler de la publicité payante, ressource bien modern-style et qui ne peut aller qu'en se développant.

Étant donnés les résultats que nous en retirons déjà, nous comptons, dès cette année, boucler nos budgets par son unique intermédiaire.

Nous louons des emplacements sur les murs, sur les pupitres, sur les tables, sur le plafond, même.

Notre publicité, bon marché, est très efficace pour les commerçants qui l'emploient. Elle ne coûte que 1 franc par mois et par mq. ; or, il n'y a pas d'affichage à payer, ni de timbre. La même réclame est vue par les mêmes gens toute l'année ; allant d'une Salle à l'autre ils la revoient toujours, et elle frappe leur esprit.

L'auteur de la réclame contribue à payer les frais de la Salle de Lecture : il se rend ainsi sympathique aux lecteurs.

Nous avons, dès maintenant, pour 300 francs de réclames par an et par salle et nous comptons augmenter cette somme.

Lorsque des Salles de Lecture existeront dans plusieurs villes l'A. C. J. F. passera des contrats de publicité avec d'importantes maisons dont profiteront, non seulement toutes les Salles de Lecture déjà créées, mais aussi celles projetées, à mesure qu'elles seront fondées. Ainsi chaque nouvelle Salle, aura comme des dragées de baptême, à son inauguration, pour 200 ou 300 francs de publicité générale, outre la réclame locale.

Dites-moi, mes amis, est-il possible de faciliter davantage l'établissement des Salles de Lecture populaires, et n'est-ce pas là, l'Austerlitz de la Publicité ?

L'avenir ne s'ouvre-t-il pas souriant de promesses pour notre œuvre, à qui la J. C. va imprimer une prodigieuse expansion ?

Cette œuvre est née à son heure, ai-je dit ; dans la lutte que soutient aujourd'hui le parti Catholique contre le parti Maçonnique, elle sera un instrument de victoire en nos mains. Placée à la tête du mouvement social, la J. C. lui donnera son complet épanouissement et saura par elle, sauver le Pays !

BERTIN-BOUVET,
Président du Cercle Saint-Melaine
de Rennes.

La lecture de ce rapport a été, à plusieurs reprises, interrompue par des applaudissements et a vivement intéressé l'auditoire. Jean Lerolle, qui présidait la réunion, a félicité chaudement les cercles de la J. C. de Rennes pour leur belle initiative et déclaré que l'Association, très sympathique à cette œuvre, encouragerait partout les groupes urbains à agir comme les camarades Rennais (1).

. . . .

Passant du sévère au joyeux, la toile se baisse pour se relever bientôt. Quelques amis de Saint-Brieuc offrent une petite soirée. Après chants et monologues, Louis Dubois monte sur la scène. (Notre Président connaîtrait-il les planches ?) Il y a là-bas, dit-il, dans le Nord, des familles de nos frères de la *Jeunesse Catholique*, qui sont dans la misère. Plusieurs d'entre eux ont péri dans la catastrophe de Courrières. C'est un devoir pour nous de soulager les familles de ceux qui sont perdus. C'est pour cela que je vous demande une obole et vous la donnerez largement quand vous saurez que c'est Mme Lerolle qui vous tendra la main.

Mme Lerolle accepte volontiers et parcourt les rangs des congressistes.....

La toile se lève de nouveau et nos amis Nicolas, Boco, Chevallier, Le Béan et Jouan interprètent avec beaucoup d'entrain la jolie saynète du « docteur Oscard. »

(1) Depuis le Congrès, la Jeunesse Catholique a ouvert une autre salle populaire dans un quartier ouvrier de Rennes. Nous espérons que nos amis suivront l'exemple de la capitale Bretonne. La *Jeunesse Catholique* de Rennes est à la disposition de tous ceux qui voudraient des renseignements sur cette nouvelle Institution.

Berlin-Bouvet vient de faire paraître à l'*Action populaire* un tract sur ce sujet. Il est en vente dans nos bureaux (0 fr. 25).

Avant de se retirer, Jacob entonne le vieux chant national armoricain : *Bro goz ma Zadou*, que toute l'assistance chante debout.

. . . .

ENVIRONS DE SAINT-BRIEUC. — LA VALLÉE DU GOUEDIC.

MARDI

LA MESSE

Comme hier les congressistes, dont les rangs se sont encore grossis (nous sommes au moins 1200) se rangent sur le Boulevard Charner, et, drapeaux déployés, se rendent au sanctuaire de Notre-Dame d'Espérance.

La nef est littéralement trop étroite pour contenir tous les assistants, on se tient debout, comme on peut.

La messe est célébrée par M. le chanoine Guillo-Lohan, chapelain de la basilique, revêtu d'une antique chasuble d'une très grande beauté.

Comme hier de nombreux chanoines revêtus de leur camail ont pris place dans les stalles du chœur. Un cantique à la Vierge résonne sous les voûtes, c'est : *O Marie, o mère chérie.*

A l'Évangile, l'abbé Tournade monte en chaire et prononce l'allocution suivante que nous résumons.

Allocution de l'abbé Tournade.

> *Viriliter age, confortare et fac,*
> Mon fils, agis en homme de cœur, sois
> courageux, fais l'œuvre de Dieu.

Ce sont les paroles du roi David à son fils.

Ces paroles, mes chers Amis, sont de circonstance. Vous donnez à cette ville un spectacle ravissant pour les hommes et pour les anges. Vous êtes ici pour faire profession de foi catholique, vous êtes ici pour faire l'inspection de vos forces, pour répondre à ceux qui attaquent votre foi. Vous avez répondu avec tant de zèle à l'appel que vous a adressé votre chef que je vous en félicite.

Votre présence ici dit ce que vous sentez dans vos cœurs. L'heure qui sonne est bien solennelle, ce n'est plus l'heure de se cacher, mais c'est l'heure de dire publiquement ce qu'on pense.

Nous étions fiers là-bas, à Paris, de la Jeunesse Catholique de Bretagne, mais au spectacle qui se déroule ces jours-ci, on peut se glorifier encore. Mais, mes chers Amis, songez que les difficultés ne font que commencer, il faudra mettre en pratique les résolutions que vous allez prendre.

Et la première c'est d'être des hommes. Soyez des hommes de vaillance, d'énergie, des chrétiens courageux, puisez dans l'histoire de l'Église les motifs de votre courage, puis, je vous le dis, allez de l'avant.

Quel a été votre but ? Vous voulez vous grouper pour garder la liberté de conscience. Pendant que vous êtes réunis ici, songez que dans toute la France, des assemblées semblables à celles-ci se tiennent.

Puis le P. Tournade rapporte que Pie IX menacé par la Révolution et voyant la faiblesse de ses armes, fit alors entendre un appel à la Jeunesse de France, de toutes parts, les catholiques se cotisèrent pour acheter des canons, les jeunes arrivèrent nombreux, mais ils allèrent plus nombreux de Bretagne que de partout ailleurs. Ils allaient se faire tuer.

Il y a quelques semaines, vous avez entendu la voix du Souverain Pontife et par la voix de votre Président vous avez fait savoir qu'il pourrait compter sur vous. Eh bien, soyez des forts, non seulement dans les paroles et les actes publics, mais dans votre vie privée. Il ne peut y avoir deux hommes en vous.

De plus, vous devez être des chrétiens pour les autres. Il faut être des apôtres, il faut avoir la passion du bien.

Dieu a mis le feu de l'amour dans vos cœurs, il faut le communiquer aux autres.

Vous serez des chrétiens, pour cela il faut faire des sacrifices. Vous entendrez la voix des passions qui se fait sentir ; le démon nous montrera peut-être toutes les richesses, tout cela est fait pour vous si *cadens adoraveris me.* Il faudra commencer par vous déshonorer, vous baisser jusqu'à terre, ramper dans la fange, et après ces sacrifices, il se moquera de vous, ne vous donnera rien.

La semaine dernière, le Christ vous conviait au sacrifice, il vous montrait les âmes de tant de jeunes gens, et vous associant dans ce bataillon vraiment catholique vous disait : je veux te les donner ces âmes, va donc à la conquête pour l'amour de l'Église, de la Croix.

Vous n'hésiterez pas dans le choix. Vous vous chargerez de cette Croix, vous la tiendrez dans vos mains, vous irez à tous ceux que vous connaissez. C'est l'heure, jeunes gens, debout !

On veut nous enlever le signe de notre rédemption, Dieu le veut ! c'est la croisade !

Nous voulons Dieu ! vous êtes 65 à 70 000 jeunes gens, c'est beau, et si la masse de vos ennemis pouvait entendre le « nous voulons Dieu » avec cette volonté bien arrêtée, ils considéreraient que la victoire est encore bien éloignée pour eux.

Courage ! parce que nous n'avons rien à craindre. L'Église en a vu d'autres.

Vendredi soir, quelle était votre impression ? peut-être celle des disciples d'Emmaüs, *sperabamus* ; ce Jésus en qui nous avions tant espéré est mort. L'Église n'existe plus, il ne reste plus que le Golgotha. L'Église à ce moment existait.

L'orateur rappelle que les apôtres s'en vont plus tard mourir sur les plages lointaines, l'Église progressait, les catacombes, les hérésies, les défections, ne l'empêchent pas de s'étendre.

L'Église vivra parce qu'elle a les promesses de l'immortalité. Relevez-vous, Dieu le veut ! c'est la croisade !

Pour cela il faut agir sagement, agir avec organisation. Vous avez un drapeau et un général, entendez les ordres de votre général : c'est le Souverain Pontife.

Comment entendrez-vous sa parole ? Par nos évêques, par nos prêtres. Aimez à vous grouper autour de votre recteur pour exécuter ses ordres, si vous agissez ainsi vous êtes inexpugnables. Nos ennemis seront obligés de convenir qu'ils se sont trompés, il ne leur restera qu'une chose, comprendre qu'avec nous il n'y a rien à faire, nous sommes des soldats,... qu'ils parlent à notre général.

Il ne faut pas qu'après ces réunions, vous vous en alliez comme vous

êtes venus, partez apôtres. Il faut montrer à Dieu toute votre générosité. Vous aurez la victoire, elle sera bien méritée. Et plus tard,
en vous présentant au jugement de Dieu, la Croix de la Jeunesse Catholique sur la poitrine, vous pourrez dire à Jésus : « Seigneur, je n'ai
pas fait grand chose, mais j'ai voulu faire beaucoup. ! » ce sera votre
salut.

Amen.

Après cette réconfortante allocution, le *Credo* jaillit de
toutes les poitrines.....

C'est l'heure de la Communion. Comme la veille, presque
tous nos camarades s'approchent de la Sainte Table et reçoivent
le Dieu qui fait les forts.....

Le saint Sacrifice achevé, M. le chanoine Bahezre donna la
bénédiction du Saint Sacrement. Les prières furent ardentes et
généreuses pour demander au divin Maître de bénir les résolutions prises.....

SÉANCE D'ÉTUDES

La messe est à peine terminée que l'heure est déjà venue de
se rendre à la salle des chapelains de N.-D. d'Espérance où
doit se tenir la réunion. Aussi bon nombre de nos amis se pri-
vèrent-ils de déjeuner afin de ne pas dérober un instant à ces
séances de travail qui furent si intéressantes. Ce petit trait
montre que dans l'*Association* on sait aussi se sacrifier pour la
cause. Mais hélas ! la salle des Chapelains fut bien trop
étroite ! Évidemment, pas une place n'est libre dans les bancs,
même l'allée du milieu a disparu ; l'avant-scène est comble et la
scène qui sert de tribune est archi-comble. On écoute par les
fenêtres du dehors, on se hisse comme on peut. Pensez-vous !

douze cents congressistes de la *Jeunesse Catholique* sont là présents ! Décidément, çà mord la *Jeunesse Catholique.*

Jean Lerolle préside, assisté de l'abbé Tournade, de Louis Dubois, de l'abbé Lucas, de MM. les chanoines Barré, Guillo-Lohan, etc.

Après la prière, Jean Lerolle donne la parole à Goascoz, de Brest, pour la lecture de son rapport sur

L'organisation de la Jeunesse Catholique (1) dans les paroisses.

Un écrivain a dit récemment : « Le peuple soupire en ce moment après l'organisation libératrice. Il sent plus que jamais sa misère physique et morale ; il en gémit. Il sent le poids des chaînes que l'on fait peser sur lui et il se sent impuissant à les briser. Il sent qu'il se dégrade et qu'on le dégrade. Il voudrait, mais il ne peut ni ne veut se convertir. Pour passer du désir à l'acte il lui faudrait quelqu'un qui fût assez bon pour le prendre par la main et le relever sans trop le gronder. »

Ne voyons-nous pas là notre rôle, à nous, *Jeunes Catholiqnes* ; arriver à force de charité, de dévouement et de sacrifices, à tirer de la misère matérielle et morale ces pauvres gens qui ont cependant tant besoin !

Mais, comme nous avons en face de nous une secte puissante, fortement organisée pour le mal, nous ne pourrons, il ne faut pas nous le dissimuler, agir efficacement, sinon en unissant nos efforts en nous organisant, car : « Nul homme ne peut rien tout seul, a dit Louis Veuillot, et pour relever tout un peuple, aucune main humaine ne suffit. Il faut l'effort de ce peuple lui-même, un effort unanime, ordonné, persévérant. »

J'ajouterai que le temps n'est plus où l'on puisse se contenter de se défendre, il faut, si l'on ne veut être débordé, prendre l'offensive et se lancer en avant, non en étourdi, mais avec méthode et discipline.

---

(1) La première partie avait été lue à la réunion de lundi l'après-midi afin de se ménager plus de temps pour la discussion de ce rapport.

D'ailleurs, sur ce point nous sommes déjà en bonne voie comme va vous le prouver ce rapport.

Malheureusement, pour ne pas dépasser outre mesure les limites qui me sont prescrites j'ai dû signaler trop à la hâte, parfois même passer sous silence bien des détails intéressants.

Je vous en fais d'avance toutes mes excuses.

J'arrive à l'enquête : 56 groupes ont répondu au questionnaire d'une manière qui dénote chez la plupart une vie intense et une grande activité de travail et qui laisse entrevoir un brillant avenir à la *Jeunesse Catholique Bretonne*. La plupart datent de l'année dernière et sont le résultat du magnifique élan donné à la *Jeunesse Catholique* par le Congrès de Quimper.

Disons, tout de suite, qu'au premier rang pour le nombre de ses groupes, se trouve l'Ille-et-Vilaine, tandis que le Finistère, nouveau venu dans *l'Association*, occupe modestement la dernière place.

Si l'on considère maintenant l'importance numérique des groupes, nous trouvons en premier lieu Plaintel (Côtes-du-Nord) avec ses 180 jeunes catholiques ; Lampaul-Guimiliau et Gouesnou dans le Finistère avec 120 et 110 membres — Plédran, Guipry et Pipriac avec 92 et 80 membres.

Ces chiffres si éloquents n'ont rien qui doive nous étonner, étant donné l'ardent esprit de foi si vivant encore dans nos campagnes bretonnes. Les groupes de ville comptent moins de membres, mais ne laissent pas cependant de faire bonne figure : ainsi le groupe de Lannion 80, Saint-Martin de Brest 57, Saint-Louis de Brest 35, Pontivy 32, Saint-Charles de Saint-Brieuc 10. Les autres groupes comprennent de 20 à 30 membres en moyenne. Quelle est la composition de ces différents groupes ???

A part deux cercles : Saint-Melaine de Rennes, Saint-Charles de Saint-Brieuc, composés exclusivement d'étudiants, nos groupes comprennent des représentants de toutes les positions sociales : fils de famille, étudiants, employés, apprentis, cultivateurs, tous s'y coudoient et y vivent dans la plus parfaite union. Certains groupes sont d'anciennes confréries, comme Lampaul. Celui des Cordeliers à Dinan est une ancienne conférence Saint-Vincent de Paul, ou des psallettes comme le groupe de Retiers, je ne puis tout citer.

D'autres — et c'est le plus grand nombre — ont été fondés à la suite de conférences et de démarches faites auprès des membres du clergé et des jeunes gens.

La formation des groupes présente certaines difficultés. Oh! pas insurmontables pour de vrais Bretons. Tantôt, comme le signalent les enquêtes de Quimper, Pordic, Mauron, Pacé, et autres encore, les premières démarches des *jeunes catholiques* sont froidement accueillies et portent au découragement; tantôt, comme vous le disent les rapporteurs de Pléneuf et d'Hennebont, une timidité exagérée empêche les *jeunes catholiques* de se livrer à l'apostolat; tantôt enfin, comme nous l'apprend le groupe de Pie X, l'idéal chrétien que veut réaliser l'*Association*, déconcerte les jeunes gens, d'ailleurs bien intentionnés.

Mais, mes amis, nous tiendrons à notre idéal; moins que jamais, nous ne voulons le rabaisser, moins que jamais, nous ne voulons manquer à notre devoir, qui est de travailler à reconstituer, dans notre pauvre pays, l'ordre social chrétien.

C'est ce qui explique le soin jaloux que mettent certains groupes à choisir leurs membres.

Celui de Saint-Martin de Brest a établi, pour les candidats, un stage de trois mois, après lequel le bureau les admet comme membres actifs s'ils n'ont donné lieu à aucun reproche sérieux.

L'émigration, dans certaines localités, surtout dans les ports de pêche, comme Paimpol, Concarneau, le Conquet, est un obstacle au recrutement de la *Jeunesse Catholique*.

Le groupe de Guipry en signale un autre, c'est le mauvais esprit de l'école laïque, entretenu par l'*Émancipation Bretonne*, association entièrement dévouée à la franc-maçonnerie, et dont les instituteurs sont de fervents adeptes.

Enfin, on nous indique d'autres obstacles sur lesquels je n'insiste pas, mais qui prouvent que nous devons apporter, dans notre apostolat, un zèle que rien ne décourage, une charité qui prévienne tout froissement, une condescendance fraternelle qui fasse de l'*Association* une vraie famille.

Quelle idée se font les groupes bretons de l'A. C. J. F.? Pour la plupart des rapporteurs, la *Jeunesse Catholique* a pour but de former les jeunes gens à une vie chrétienne, plus intense, elle est aussi une ligue de défense religieuse; pour les deux groupes de Dinan, la *Jeunesse Catholique* doit travailler au bien du pays et à la gloire de Dieu. Pour nos amis de Pipriac et d'Éancé, l'*Association* est une école de solidarité chrétienne ; nous trouvons chez nos amis de Lannion une pensée qui décèle une préoccupation très élevée : la *Jeunesse Catholique,* disent-ils, travaille à reconstituer la famille.

Les groupes Saint-Louis et Saint-Martin, de Brest, considèrent la *Jeunesse Catholique* comme une école de formation et d'apostolat. Former des jeunes gens dont la vie soit profondément et sincèrement chrétienne, leur faire comprendre la grandeur de leur mission, leur apprendre à ne pas vivre seulement pour eux, mais à savoir aussi se sacrifier pour les autres, n'est-ce pas là le but de la *Jeunesse Catholique*? (*Applaudissements*).

PIÉTÉ.

Dans les groupes, la prière au commencement et à la fin de chaque réunion est de rigueur. Le plus souvent on récite un *Pater* et un *Ave Maria.* Parfois on ajoute une invocation au Sacré-Cœur, au saint patron du groupe ou aux saints patrons du travail, ou bien l'on demande aux jeunes gens de prier chaque jour les uns pour les autres. C'est ce qui a lieu à Lampaul-Guimiliau, où l'on récite à chaque réunion un *Pater* et un *Ave* pour les membres qui font leur service militaire.

Il va de soi que les *jeunes Catholiques* communient à toutes les grandes fêtes de l'année, notamment aux fêtes patronales des groupes, prennent part aux processions et assistent même aux vêpres tous les dimanches, comme dans l'Ille-et-Vilaine. Presque partout nous trouvons la pratique de la messe mensuelle. Le cercle Pie X de Nantes a deux messes par mois, où tous les membres communient. Le groupe de Vannes, une messe tous les dimanches avec instruction et salut.

Souvent les jeunes gens font la communion aux messes mensuelles célébrées le dimanche, le plus ordinairement ; à Saint-Martin et à Saint-Louis de Brest, à Éancé et à Plœuc, les messes ont lieu le premier vendredi de chaque mois.

Les lieux de pèlerinage ne manquent pas dans notre chère Bretagne. A côté de Sainte-Anne d'Auray, capitale religieuse de la Bretagne, nous trouvons Notre-Dame du Vœu à Hennebont, la grotte de Lourdes en Guipry, Notre-Dame de la Crue, Notre-Dame de la Pénière, et à Rennes même, le sanctuaire vénéré de Notre-Dame de Bonne-Nouvelle.

Dans les Côtes-du-Nord, Sainte-Anne du Houlin, Notre-Dame de la Clarté et Notre-Dame d'Espérance à Saint-Brieuc; Saint-Yves de Tréguier, où l'Union bretonne eut l'honneur de se voir attaquée par des apaches disciples de Renan.

Dans le Finistère, Notre-Dame de Rumengol, Notre-Dame de Kérinec, Notre-Dame des Naufragés à la pointe du Raz, Notre-Dame du Folgoët, qui reçut le 28 mai 1905 la visite des jeunes catholiques du Léon, ce qui mit de mauvaise humeur le journal socialiste, *l'Avenir Brestois*.

Le groupe de Notre-Dame de Toutes Grâces, à Rennes, a eu le bonheur d'aller trois fois à Lourdes. C'est une joie que voudraient se payer les autres groupes.

En Ille-et-Vilaine, on pratique l'adoration nocturne au moment des Quarante heures; l'adoration perpétuelle n'est en usage qu'à Hennebont.

Dans certaines paroisses de campagne, le jour de la réunion du groupe, on expose le Saint-Sacrement toute la journée, par exemple à Lampaul-Guimiliau. Le groupe de Saint-Melaine de Rennes pratique l'adoration nocturne une fois par mois.

Les groupes Saint-Martin et Saint-Louis de Brest font, depuis l'année dernière, une veillée nocturne du Jeudi au Vendredi-Saint.

Guipry, Bourg-des-Comptes, etc., possèdent des fanfares. Lampaul-Guimiliau, Retiers, Paimpol, Dinan, Pommerit-Jaudy, Renac, Pontivy, ont des chorales; le groupe d'Auray a une musique qui comprend soixante exécutants. Outre le concours qu'elles prêtent aux fêtes religieuses, ces sociétés peuvent organiser des fêtes profanes et en profiter pour se faire donner une conférence. C'est un excellent moyen d'attirer le peuple aux églises et à nos séances solennelles.

ÉTUDE.

Tous les groupes ont des cercles d'étude réservés à peu près exclusivement aux *Jeunes Catholiques*. Parfois le groupe a auprès de lui d'autres cercles, comme à Brest, le cercle Le Play, spécialement réservé aux hommes. Le groupe de Saint-Martin seconde également le cercle des hommes et a fondé, en 1904, le cercle d'étude Pie X qui assure le recrutement de la *Jeunesse Catholique*. Nous ne saurions trop signaler aux timides l'exemple du groupe de Pommerit-Jaudy, qui compte seulement quatre membres, y compris l'aumônier ; cette persévérance est un signe de force et d'énergie morale. Les sujets d'étude dans nos cercles sont très variés : questions d'actualité, discussion, réfutation des doctrines sociales erronées, apologétique, se trouvent au premier plan.

D'une façon générale, l'étude des questions religieuses est en honneur et c'est avec raison. Après une conférence bien étudiée, bien discutée, la foi s'affermit et le courage grandit. L'existence de Dieu, la divinité de Jésus-Christ, sa présence dans l'Eucharistie, sont les sujets le plus souvent traités.

Les questions morales ne sont pas négligées, le cercle Pie X de Nantes se sert des conférences de Mgr Gibier, dont les ouvrages devraient figurer dans toutes les bibliothèques d'œuvres de jeunesse. Au point de vue apologétique, les questions les plus étudiées sont l'institution et la divinité de l'Église, le rôle de l'Église à travers les âges, la Réforme, la Saint-Barthélemy, l'inquisition, le célibat des prêtres, l'origine du pouvoir pontifical, le duel, la liberté de pensée, la tolérance du pouvoir pontifical. A signaler le procédé de travail de certains groupes qui examinent les objections que les jeunes gens entendent formuler autour d'eux. Enfin, plusieurs groupes ont lu et commenté l'encyclique du Pape Pie X sur la séparation. D'une manière générale, nos groupes répugnent à aborder les questions sociales dont les difficultés les effraient. Mais il faut le dire à leur louange, une fois qu'ils ont touché ces questions ils n'en traiteraient plus d'autres, si une sage réglementation ne faisait alterner les sujets.

Au premier rang il faut placer la mutualité. Partout on a étudié cette importante question sous les diverses formes qu'elle peut revêtir : mutuelle contre la mortalité du bétail, caisse d'assurances contre les accidents, caisses rurales, caisses de chômage, retraites ouvrières, etc.

En diverses localités, à la suite de conférences sur le repos dominical, on a mené d'actives campagnes qui ne sont pas toujours restées sans résultat, à Fougères par exemple, où le zèle de nos amis a obtenu de notables améliorations dans l'organisation du travail.

A signaler encore l'importante question du salariat et du patronat. Tous les groupes ont étudié, au moins dans les grandes lignes, les théories des différentes écoles socialistes et ont signalé les dangers qu'elles font courir à la société, à Brest en particulier, où la lutte entre catholiques et socialistes est si violenté ; les groupes ont étudié à fond l'organisation des jaunes et des syndicats indépendants.

La crise des caisses d'épargne, les rapports du pouvoir temporel et du pouvoir spirituel, la liberté de l'enseignement, le libéralisme, la Franc-maçonnerie, la démocratie et l'égalité des citoyens dans la nation, la colonisation française au Canada, la société avant le christianisme, la vie des grands hommes, la guerre du Transvaal, les livres à sensation, etc., ont fait l'objet de nombreuses études.

A la campagne, on a traité spécialement les questions agricoles : engrais, semailles, cultures, etc. Particularités à signaler, à Pordic un cours d'études sociales de dix minutes à chaque réunion ; à Saint-Louis de Brest : une causerie sur le culte ; à Bonne-Nouvelle de Rennes et à Saint-Brieuc : lecture d'une page de l'histoire de Bretagne ; à Roscoff : monologues et chansonnettes comiques qui amusent et attirent de nombreux auditeurs aux conférences.

Tous les groupes se réunissent à jour et heure déterminés. En ville, les séances retiennent le soir une fois la semaine ; à la campagne, le dimanche une ou deux fois par mois, le plus souvent après les vêpres. Le groupe de Retiers (Ille-et-Vilaine), qui comprend deux sections urbaine et rurale, a deux séries de réunions.

L'ordre des séances est à peu près le même partout. La prière est récitée au commencement et à la fin. L'aumônier lit l'Évangile et en fait le commentaire, puis le secrétaire donne lecture du procès-verbal de la séance précédente. Dans certains groupes, à Auray par exemple, une homélie remplace parfois la lecture de l'Évangile. Puis une conférence a lieu, suivie d'une discussion parfois mouvementée, au moins dans certains cercles, mais, trop souvent, elle languit, faute d'une préparation suffisante de la part de chacun des membres.

Dans une seule enquête, il est fait mention de l'éducation professionnelle des jeunes gens. C'est Pontivy, qui a eu un cours de dessin et de modelage, suivi par vingt-quatre jeunes gens, et une bibliothèque professionnelle en formation. Les ressources font le plus souvent défaut, pour établir des cours de charpentage, de serrurerie. Mais, l'exemple de Pontivy ne pourrait-il pas être suivi par d'autres groupes, pour contrebalancer les cours d'adultes socialistes ? Ils pourraient aussi, en se mettant en relation avec les patrons, rendre plus facile l'établissement des jeunes apprentis, comme cela se pratique à Auray.

ACTION.

L'action des groupes s'exerce tout d'abord par l'exemple. Les jeunes catholiques, en raison de leur titre, sont dans l'obligation de donner, dans le milieu où ils vivent, l'exemple d'une vie parfaitement chrétienne.

La première forme de l'action sociale catholique est l'assistance des pauvres. La plupart de nos groupes ne possèdent pas de société de Saint-Vincent de Paul organisée, mais les membres font partie des sociétés paroissiales : c'est ce qui a lieu pour Rennes, Fougères, Brest, Vannes, Quimper, etc... Le groupe des Cordeliers de Dinan est une société de Saint-Vincent de Paul, le groupe de Lampaul-Guimiliau vient en aide aux familles nombreuses.

Il en est de même des sociétés de catéchistes volontaires. Plusieurs des enquêtes signalent dans leurs paroisses, la présence de ces sociétés auxquelles appartiennent quelques membres des groupes, par exemple à Quimper.

Nous demandons aux jeunes catholiques de bien vouloir donner leur adhésion à ces sociétés de la Doctrine chrétienne, si fortement recommandées par Pie X, et qui rendent, là où elles sont établies, les plus grands services au clergé paroissial.

Le groupe de Rennes a seul jusqu'à présent une école de conférenciers qui se réunit chaque semaine et dont les membres sont très assidus à suivre les cours de Me Ilari, bâtonnier de l'Ordre des avocats ; cependant les groupes de Brest, Fougères, Vannes, Saint-Brieuc préparent en commun des conférences pour la campagne.

Les conférences obtiennent partout des succès merveilleux. Les groupes importants des villes, les gros bourgs, travaillent très énergiquement et réussissent à fonder autour d'eux de nouveaux groupes, tel Fougères qui a fondé douze Jeunesses Catholiques, et surtout le groupe Saint-Melaine de Rennes, dont les membres parcourent chaque dimanche la campagne dans le but d'y fonder des groupes.

Beaucoup voudraient bien suivre leur exemple, mais comment s'y prendre ?... Les méthodes indiquées sont nombreuses, le groupe de Fougères recommande d'aller voir le clergé et de fixer d'accord avec lui une réunion à laquelle on convoque les jeunes gens de la paroisse, ou bien, et c'est l'avis de nos amis de Lannion, on réunit tous les jeunes gens d'un canton et par eux, on fonde des groupes dans chacune des paroisses. Le groupe de Dinan dit que l'on doit s'inspirer des circonstances, et de fait, il faut en tenir compte partout. Pour d'autres, il vaut mieux se mettre en relation avec quelques jeunes gens, et par eux intéresser le clergé à l'œuvre.

Il faut encore savoir comment et quand s'y prendre pour fonder de nouveaux groupes.

Malgré les obstacles qui surgissent toujours, on arrive avec un peu de bonne volonté à fonder de nouveaux groupes. Les relations personnelles, les conférences accompagnées de projections lumineuses(1), tout cela a été employé. Mais les conférences s'oublient, et il faut des tracts que l'on puisse consulter à tout moment. Tous les groupes ont répandu les tracts avec profusion, et le cercle Saint-Melaine de Rennes se plaint de ce qu'on en donne beaucoup plus qu'on n'en vend, mais la propagande demande des sacrifices auxquels les groupes ne doivent pas hésiter à consentir. Les tracts sont bien reçus ; tous ceux qui viennent du Comité général sont remarquables de netteté et de précision, mais les plus recherchés sont « En wagon, » « les Hésitations de Monsieur le Curé, » et « Pourquoi je suis de l'Association, » « l'A. C. J. F. Histoire et organisation. » Quant aux tracts de l'école des conférenciers, ils sont destinés aux cercles d'études et nullement faits pour la propagande (2).

A la campagne il nous faut des tracts bretons ; presque tous les paysans comprennent et lisent le français ; mais entre eux, ils causent le plus souvent en breton, et si nous pouvions mettre à leur disposition des tracts en langue populaire, nous pourrions faire le plus grand bien ; aussi comprenons-nous que les groupes de Lampaul-Guimiliau, de,

(1) A ce propos, nous attirons l'attention de tous nos lecteurs sur l'œuvre des projections, établie à Rennes, 32, rue Hoche, qui met un nombre assez considérable de séries de vues à la disposition de ses abonnés. L'abonnement de 10 francs par an donne droit à un nombre illimité de séries.

Demander le règlement et le catalogue des vues au secrétaire de ce service.

(2) A chaque instant, on vient se plaindre de manquer de sujets d'études, de plans de conférences, de références bibliographiques ; chaque mois, nous mentionnons dans la *Jeune Bretagne,* les tracts d'études de l'école des conférenciers, si clairs, si précis, et bien peu se les procurent ! Ce n'est certes pas en raison de leur prix qu'on ne les achète pas ; serait-ce parce qu'on ne les connaît pas ? qu'on lise alors le supplément de la *Jeune Bretagne,* uniquement fait pour *renseigner* les cercles d'études.

Lannion, de Pommerit-Jaudy, d'Auray, d'Hennebont, de Pontivy, de Quimper et de Roscoff, réclament avec instance les tracts bretons. Celui de Pommerit va même jusqu'à demander, qu'à chaque congrès provincial il y ait une conférence bretonne. Pour cela les orateurs ne nous manquent pas, la campagne menée contre la séparation, d'accord avec la Ligue patriotique des françaises et l'Action libérale, fait le plus grand honneur à la Jeunesse Catholique. Les conférences qu'elle a organisées ont eu partout le plus grand succès. Les groupes de Brest ont appelé M. Lerolle, le père de notre bien-aimé président, qui après un éloquent discours, fit voter par 2.000 hommes un ordre du jour flétrissant la loi de séparation. Les conférences bretonnes ont été multipliées, et ont obtenu partout un légitime succès. Ajoutons que les inventaires ont fourni à la race bretonne l'occasion de montrer toute sa valeur, et de déployer toute l'énergie de sa foi.

A cette occasion, l'aumônier du groupe d'Allineuc a été condamné à la prison, dix jeunes gens de Pipriac sont poursuivis en correctionnelle, et c'est leur qualité de membres de la Jeunesse Catholique qui les a désignés à la rancune des blocards. Dans toutes les campagnes où nous avons des groupes, la résistance a été énergique, et la *Jeunesse Catholique* s'est fait hautement admirer.

Nous parlions, tout à l'heure, des conférences avec projections : presque tous les groupes en ont fait. Le groupe de Pordic en fait toutes les trois semaines sur des sujets sociaux ; Langueux en a déjà eu dix.

En général, ce sont les vues comiques qui sont les plus recherchées, c'est ce que dit le rapporteur de Pléneuf. Cependant on demande aussi des sujets religieux, des scènes de l'Évangile ou de la vie de l'Église. Le groupe de Pommerit reconnaît aussi la nécessité de faire des conférences avec projections sur des sujets agricoles.

Là où l'on n'a pu faire de conférences avec projections, on manquait d'appareil, et le rapporteur de Bourg-des-Comptes dit qu'il est difficile de s'en procurer. Pour les vues, on se les procure plus facilement ; on peut s'adresser à Rennes. Son Éminence le cardinal Labouré a confié à la Jeunesse Catholique l'œuvre diocésaine des projections qui rayonne sur toute la Bretagne et qui compte parmi ses abonnés des œuvres et des personnes étrangères à la *Jeunesse Catholique.*

Toutes les études faites par nos amis, toutes les conférences qu'ils ont entendues ont eu un résultat pratique, et le grand nombre d'œuvres sociales promises ou développées par la *Jeunesse Catholique Bretonne* est la réponse la plus éloquente à l'injure qu'on lui fait d'être une association de *moules*.

A signaler d'abord les syndicats indépendants de Brest, qui luttent avec tant d'énergie contre les agissements des socialistes et dans lesquels les *jeunes catholiques* trouvent un terrain tout préparé ; ajoutons que la formation de quelques-uns de ces syndicats revient entièrement à la *Jeunesse Catholique.*

Pendant longtemps ce sont des membres de la *Jeunesse Catholique* qui ont servi de secrétaires à la Fédération des Œuvres catholiques du Finistère, dont notre ami Lidou a été secrétaire général, et dont la fondation revient, dans une large mesure, à la Jeunesse Catholique. La *Jeunesse catholique mutualiste* de Brest est secondée par des *jeunes catholiques ;* la *Caisse des familles* compte parmi les membres du bureau l'aumônier du groupe Saint-Louis, M. l'abbé Joncour ; un membre du même groupe est trésorier de la *Prévoyante.*

A Saint-Martin, plusieurs membres appartiennent à la Coopérative. A Saint-Brieuc, nos amis sont membres influents du Syndicat indépendant du Livre. A Pontivy, la *solidarité ouvrière* a été fondée par le Président du groupe. A Auray, le groupe a fondé une mutualité scolaire, qui compte 350 adhérents et prête son appui à d'autres œuvres. A Lampaul-Guimiliau, il y a une mutuelle-bétail, une caisse de secours mutuels, une caisse de secours pour les pauvres, et le groupe exerce son action dans ces sociétés. Pordic possède un syndicat agricole, une mutuelle-bétail, une caisse rurale, une bibliothèque populaire ; Paramé, un syndicat agricole ; Plaine-Haute, Allineuc, Pont-Château, Lannion, une caisse de secours mutuels ; Gouesnou, Monthault, Cesson, une mutuelle-bétail. A Rennes, notre ami Bertin-Bouvet a créé des salles de lecture populaires. Presque partout des bibliothèques populaires sont à la disposition des jeunes catholiques ; presque partout également, existent des œuvres sociales indépendantes de la Jeunesse Catholique. Enfin certains groupes ont des patronages : Toutes-Grâces à Rennes, Saint-Martin de Brest, Auray, Perros-Guirec, etc.

La plupart des groupes se sont occupés de la bonne presse ; quelques-uns, Monthaut, Pontivy, Lampaul-Guimiliau, sont à citer pour leur zèle à propager les journaux catholiques. Le groupe de Plaine-Haute fait une guerre sans relâche aux publications des socialistes de Morlaix. Il peut servir d'exemple à tous nos amis et les décider à ¡poursuivre eux aussi les mauvais journaux, pour faire lire à leur place des journaux catholiques.

Quant aux revues de l'Association, tout le monde est d'accord pour en faire les éloges, mais la plupart en trouvent le prix trop élevé pour les faire pénétrer dans les milieux ouvriers. Ce qui fait désirer aux amis de Rennes, de Fougères et aux groupes du Léon, la création d'un journal populaire à un sou, paraissant deux fois le mois, qui fera connaître et défendre les idées sociales, catholiques, dans la masse ouvrière...

Cependant un aumônier nous a fait observer, que ce projet, s'il était réalisé, ferait tort aux journaux catholiques déjà existants que nous devons soutenir. Ce serait diviser les forces au lieu de les unir : ils préféreraient voir les membres de la Jeunesse Catholique collabore lus activement aux publications catholiques, en signant leurs ai. ¿s de leur nom et qualité de membre de l'*association*. Ce serait un moyen de faire pénétrer partout nos idées et de multiplier notre action. D'ailleurs, que le Comité général édite de temps à autres des tracts dans le genre de, « la Séparation » et « Justice, » et nous ne sentirons plus, peut-être, le besoin de créer un nouveau journal !

ORGANISATION.

Tous les groupes qui ont répondu à l'enquête sont affiliés à l'Union provinciale ; en outre, ceux du Morbihan sont affiliés à l'Union diocésaine ; ceux du Finistère, à la Fédération des Œuvres Catholiques du diocèse de Quimper ; beaucoup de groupes des Côtes-du-Nord sont rattachés à la Fédération des Œuvres de Jeunesse ; tous ceux de l'arrondissement de Fougères à l'Union d'arrondissement.

Presque tous sont administrés par des bureaux élus, sauf le cercle Pie X de Nantes. Le groupe de Lannion a deux bureaux, l'un de membres bienfaiteurs, l'autre composé de jeunes gens élus par leurs camarades. Les bureaux comprennent de quatre à six membres, président, vice-président, secrétaire, trésorier, aumônier. L'aumônier du groupe est désigné par l'autorité diocésaine, après demande du groupe. C'est lui qui est chargé des rapports avec l'autorité religieuse. Ces

rapports sont très étroits, les évêques, justement préoccupés du péril
que courent les œuvres des jeunes gens abandonnées à elles-mêmes,
ont sur nos groupes un droit de contrôle. Dans le Finistère, Monseigneur de Quimper exige, lorsqu'un orateur étranger au diocèse doit
prendre la parole, qu'on lui soumette le programme de la conférence ;
pour toutes les réunions solennelles ou les pèlerinages, il est d'usage
de solliciter l'approbation de l'autorité diocésaine ; il en est de même
dans les Côtes-du-Nord. Les évêques aiment à nous voir réussir ; notre
soumission leur est un gage de la sûreté absolue de nos doctrines ; et
ils nous donnent en retour des marques significatives de leur affec-
tueuse protection.

Les groupes ont, les uns avec les autres, des relations très suivies et
très amicales ; chaque groupe invite ceux des environs aux fêtes qu'il
célèbre, aux réunions qu'il organise. Les pèlerinages, les réunions
cantonales sont des occasions de se voir, de se comprendre et de
s'aimer.

Le groupe de Plaintel voudrait que tous les ans, les jeunes catholiques des Côtes-du-Nord se réunissent à Sainte-Anne du Houlin ; les
groupes du Léon se retrouveraient chaque année à N.-D. du Folgoët ;
les groupes de l'Union de l'arrondissement de Fougères organiseront
un pèlerinage à Pontmain ; nos amis d'Hennebont qui, il y a deux ans,
avaient offert aux délégués des groupes bretons une si large et si cor-
diale hospitalité, sont tout disposés à recommencer.

Les groupes de *Jeunesse Catholique* travaillent de concert avec *la
ligue Patriotique des Dames françaises*, surtout pour propager la Bonne
Presse. Dans plusieurs endroits ceux de nos amis qui sont électeurs
prêtent leurs concours à *l'Action Libérale* pour la révision des listes
électorales.

Les groupes fondés avant le congrès de Quimper y ont tous pris
part depuis ; le congrès de Rennes a réuni les groupes d'Ille-et-Vilaine,
et plus récemment ceux de Lannion et de Dinan ont réuni les groupes
des Côtes-du-Nord. Les groupes du Morbihan ont pris part au congrès-
pèlerinage de Sainte-Anne d'Auray, en juillet 1905, et au mois d'octobre
dernier les *Jeunes Catholiques* du Léon s'assemblaient à Brest sous la
présidence de notre ami Rollin, membre du Comité général. Si les jeunes
gens ne viennent pas si nombreux aux congrès, c'est que les caisses
des groupes, alimentées seulement par les maigres cotisations des

membres et les offrandes d'âmes charitables, sont très pauvres ; aussi jamais les groupes n'ont envoyé de représentants aux congrès nationaux, qui du reste se tiennent toujours très loin de la Bretagne.

Tous les groupes de l'Union provinciale sont en rapport avec le Comité de Rennes, ils envoient chaque mois une chronique à la *Jeune Bretagne.*

En général, les groupes s'adressent là où ils connaissent quelqu'un ; aussi les groupes ruraux vont plus facilement à leurs amis des villes, par qui ils ont été fondés. Il n'est pas nécessaire de discourir contre la décentralisation ; la décentralisation se fait d'elle-même. Dans plusieurs villes l'affluence des demandes de renseignements de toute espèce a décidé les groupes à organiser des Comités de propagande. C'est ainsi que tous les groupes du Léon ont formé un Comité de propagande, siégeant à Brest et comprenant des sections de la presse, de conférences bretonnes, de conférences françaises, un service de renseignements juridiques et professionnels. Un Comité du même genre existe à Fougères, et le groupe de Saint-Brieuc demande que chaque centre important ait un Comité de propagande. Cette organisation si simple et qui demande seulement un peu de bonne volonté aux jeunes gens des villes est un excellent moyen pour développer la *Jeunesse Catholique* en Bretagne.

Quimper signale encore comme moyen à employer la réclame par la presse et les affiches. Dinan voudrait que l'on développât davantage les sociétés sportives, qui peuvent nous être d'un très grand secours. Hennebont demande que les différents Comités s'occupent d'établir des bureaux de placements et de renseignements professionnels. Saint-Martin de Brest souhaite que chaque groupe s'adjoigne un patronage, car les patronages assurent le recrutement des groupes.

Quant à nous, nous pensons que l'on pourrait tirer grand profit des retraites de jeunes gens ; les retraites qui eurent lieu à Iffendic et à Irodouër dans l'Ille-et-Vilaine, et à Plaintel dans les Côtes-du-Nord, eurent un plein succès ; outre qu'elles favorisent dans les âmes la vie religieuse, elles permettent aux jeunes gens de se connaître et donnent lieu à des échanges de vues qui peuvent aboutir à la formation de groupes nouveaux.

La question de la division de l'Union provinciale a trouvé partout la même réponse, les rapporteurs sont unanimes à déclarer la division en départements illogique et absurde ; suivant nos camarades de Fougères, de Pont-Château, d'Hennebont et autres, cette division ne repose sur des divisions ni géographiques, ni économiques, ni ethnographiques.

Mais, comme le font remarquer nos amis de Lannion, dont nous partageons l'avis, cette division, absurde et illogique dans son principe, ne l'est plus maintenant. Après 100 ans, on s'est habitué aux départements, nous sommes obligés de nous y conformer, car, à chaque instant, pour constituer une association quelconque, ou pour toute autre affaire, nous nous heurtons à des textes de lois.

Mieux vaut donc, au point de vue pratique, et pour le présent, car nous souhaitons vivement voir disparaître cet état de choses, mieux vaut s'en tenir aux départements, ce qui n'empêche pas la réunion des départements en provinces.

Cependant le département ne peut pas être le point de départ d'une organisation quelconque. Les groupes de Plaintel et de Brest préfèrent la division en unions cantonales ; le canton, qui peut très bien dépasser les limites du canton administratif, si besoin en est, est plus central que le département. Il n'est pas assez étendu pour nécessiter une organisation compliquée ; il l'est assez pour permettre aux groupes de coordonner leur action. Le canton est, de plus, une circonscription religieuse ; le chef-lieu de canton est ordinairement le siège d'un doyenné ; en outre, c'est au chef-lieu de canton qu'ont lieu le plus souvent les grandes foires. Tout contribue à faire du canton le point de départ d'une organisation sérieuse. Enfin, le canton, chef-lieu du doyenné, est peut-être appelé à jouer dans la future organisation de l'Église de France, un rôle important. Les réunions cantonales peuvent être fédérées en réunions diverses. Toutes les enquêtes reconnaissent la nécessité des Unions diocésaines. Je me contente de citer les témoignages qui résument le mieux la pensée de tous les rapporteurs.

Pour les groupes de Retiers, les Unions diocésaines sont un remède contre l'isolement des groupes trop éloignés des centres des Unions provinciales ou régionales. Le groupe de Pipriac ajoute : « Les Unions diocésaines sont excellentes comme auxiliaires de l'organisation religieuse et de la hiérarchie particulière d'un diocèse, et l'esprit de la *Jeunesse Catholique* ne devrait pas permettre à de stériles jalousies ou compétitions de se former contre des camarades au-delà de la frontière diocésaine. » Le groupe de Menthault dit que la *Jeunesse Catholique*, reconnaissant comme premier directeur l'évêque diocésain, est parfaitement dans son rôle en formant des Unions diocésaines. Les groupes de Pontivy, Quimper, Saint-Brieuc, sont du même avis. Le groupe de Quimper reconnaît dans les réunions diocésaines un excellent moyen de stimuler l'activité du groupe. Nos amis de Saint-Brieuc ajoutent que l'Union diocésaine pourrait compter, outre le Bureau chargé de diriger la marche de l'Union, des délégués de chaque arrondissement, de chaque Union cantonale.

Quant à nous, nous croyons que, vu leur étendue restreinte, les Unions diocésaines ne demandent pas une organisation compliquée :— elles ne nuiront en rien à la discipline due au Comité provincial, car celui-ci seul peut organiser les congrès provinciaux, organiser les mouvements généraux et publier avec succès des brochures et la *Jeune Bretagne*. Au contraire, les Unions diocésaines seront d'un grand secours au Comité provincial pour l'organisation des pèlerinages, réunions diocésaines, et pour assurer la vie de l'*Association* dans cinq diocèses.

Langueux nous soumet une remarque qui rassurera ceux qui craignent que les Unions diocésaines ne portent atteinte aux Unions plus étendues. « Les aumôniers, disent nos amis, dans bien des paroisses étant obligés de tout faire, les Comités ne pouraient-ils pas adresser un questionnaire que les jeunes gens chercheraient et auquel ils pourraient répondre et réunir dans de petites brochures les études faites dans les groupes plus instruits, les groupes moins instruits profiteraient ainsi des études faites et l'aumônier serait déchargé ? »

Les Comités provinciaux seuls peuvent adresser de semblables circulaires et peuvent seuls mener à bien ces enquêtes. Ajoutons qu'il y a un très bon moyen de stimuler l'ardeur des groupes. Presque tous les groupes ont des conférenciers populaires ; Lampaul, Auray, Hennebont, Pontivy, Pont-Croix, Quimper, Pommerit-Jaudy ont en outre des orateurs bretons.

Le programme de la *Jeunesse Catholique* et la Séparation sont les sujets qu'ils traitent le plus souvent.

Pour augmenter le nombre de leurs membres, tous les groupes emploient surtout l'action individuelle très facile, et dont les résultats sont plus immédiats.

La *Jeune Bretagne*, d'une manière générale, satisfait tous les groupes. Cependant Lampaul-Guimiliau, Eancé, Pont-Château la trouvent trop intellectuelle pour les campagnes. Quimper voudrait que les articles intéressants soient plus développés et qu'il y ait moins de phrases. Les moyens indiqués pour lui faire exercer plus d'influence sont nombreux et variés. Fougères demande que l'on abaisse le prix du numéro, beaucoup trop élevé.

Dinan désire qu'elle publie des articles de pratiques ouvrières et agricoles et qu'elle consacre quelques lignes au service des renseignements professionnels. Guipry demande que l'on donne plus de place à la chronique des groupes. Quant à nous, nous trouvons que la chronique est assez étendue, mais nous la voudrions plus soignée. Nous serions très heureux de la voir s'agrandir et baisser son prix. Cependant les abonnements affluent : Plaintel a trente abonnements ; chaque abonnement est payé par quatre jeunes gens, nous recommandons cet exemple à tous les groupes.

Que peut faire la *Jeunesse Catholique* au point de vue paroissial ?

D'abord, se mettre à la disposition du clergé, ce qu'elle fait partout ; aider le clergé paroissial dans l'enseignement du catéchisme, former des ligues de défense religieuse, prêter son appui pour recueillir les cotisations des fidèles destinées à fournir la subsistance des prêtres, etc. Du reste, sous peu les évêques nous donneront des instructions pratiques à cet égard.

Nous les suivrons en nous groupant autour de nos pasteurs. Nous sommes le nombre, soyons unis et, avec la gloire de Dieu, nous remporterons la victoire.

Conclusions du Rapport.

I, *Piété*. — Le Congrès de la Jeunesse Catholique Bretonne émet les vœux suivants :

1º Que l'usage d'une messe mensuelle, la pratique de l'adoration perpétuelle et de la communion fréquente soient établies dans tous les groupes ;

2º Que les groupes d'une même région se réunissent chaque année, dans un lieu de pèlerinage ;

3º Que, s'inspirant des dés   espri   ar le Souverain Pontife dans son *Motu proprio* sur le chant liturgique, chaque groupe s'efforce de fonder une chorale, destinée à rehausser l'éclat des fêtes religieuses (Vœu du groupe de Lampaul-Guimiliau).

II. *Étude*. — Le Congrès émet le vœu que tous les groupes s'occupent de créer des cours d'instruction professionnelle et qu'ils se servent de ces cours pour organiser le placement de leurs membres.

III. *Action*. — Le Congrès émet le vœu que, 1º pour seconder l'action du clergé paroissial, les groupes de J. C. organisent des sections de catéchistes volontaires, et qu'ils prêtent leur concours aux autres œuvres paroissiales, telles que Tiers Ordre, Propagation de la foi, Conférence de Saint-Vincent de Paul ;

2º Que le Comité provincial ou l'un des Comités diocésains s'occupe de publier des tracts bretons ;

3º Le Congrès :

Considérant que les obstacles au développement de la J. C. découlent tous d'une connaissance insuffisante de l'Association, émet le vœu qu'un tract populaire, en forme de journal à un sou, soit publié dans le but de montrer les vrais caractères de l'A. C. J. F. et son désintéressement absolu de toute préoccupation politique.

Organisation concernant les relations avec les autres Associations catholiques :

I. — Le Congrès, s'inspirant du désir d'union exprimé par les souverains pontifes et l'épiscopat français, émet le vœu, avec la Jeunesse Catholique, d'éviter autant que possible d'engager une polémique quelconque, avec une association similaire de la leur (Vœu du groupe de Gouesnou).

II. — Le Congrès émet le vœu que : 1º Les groupes s'unissent pour former des réunions cantonales et organisent des services de propagande, de conférences, de renseignements, etc ; 2º que tous les groupes d'un même diocèse forment Uune nion dioc ésaine.

III. — Le congrès de la Jeunesse Catholique Bretonne émet le vœu que, vu le prix trop élevé des Annales de la Jeunesse Catholique et de la Jeune Bretagne, le Comité général publie, sous forme de journal à un sou, des tracts périodiques qui puissent faire entrer dans le peuple les idées chrétiennes.

IV. — Le Congrès émet le vœu que le Comité général, ou le Comité provincial adressent, de temps en temps, aux groupes des enquêtes dont les résultats seraient publiés en brochures destinées à aider les groupes de la Jeunesse Catholique dans leurs études.

Cette lecture achevée, la discussion s'engage aussitôt.

Jean Lerolle. — Afin de faciliter la discussion nous suivrons l'ordre du rapport, c'est-à-dire que nous examinerons d'abord *la piété*, puis *l'étude*, puis *l'action*, puis *l'organisation*.

Quelqu'un demande-t-il la parole ?

Leray, de Saint-Méen. — En ce qui concerne la piété, je me demande s'il ne serait pas à propos de faire étudier la vie des saints, c'est un bon exemple qu'ils nous offrent en même temps que leur vie est une solution de la question sociale. L'étude des principaux ordres religieux aurait les mêmes avantages.

Jacob. — L'*Union régionaliste* va publier d'ici peu la vie des saints bretons; cette publication aura le double avantage d'être très peu chère (0 fr. 20 à 0 fr. 25) et d'être faite en quatre dialectes. De même, l'*Union régionaliste* fera publier un calendrier qui, au lieu de nous parler de cuisine ou de choses insignifiantes, rappellera chaque jour un des grands faits de l'histoire de Bretagne.

Chareton. — A propos de l'influence sociale qu'exerce le catholicisme, je me permets de recommander le livre bien connu de Goyau : *Autour du catholicisme.*

Leray. — Rien ne vaut, me semble-t-il, pour former à la piété, la lecture attentive de l'Évangile.

Lerolle. — Oui, c'est là qu'il faut en revenir : l'Évangile est une mine et il faut y puiser, l'Évangile est le livre par excellence et il faut y lire, guidé par l'aumônier, et je ne saurais trop recommander la lecture d'un passage de l'Évangile au début ou à la fin de toutes les réunions, l'aumônier pourrait avantageusement y joindre un bref commentaire.

L'abbé X... (d'Allineuc). — L'Évangile du chanoine Weber est très bon pour nos groupes.

L'abbé Boulbain. — On peut encore mentionner l'Évangile du Pauvre, de Mgr Baunard.

Lerolle. — Il ne faut négliger aucun moyen de se former et de former les jeunes gens, le groupe de *Jeunesse Catholique* est avant tout un groupe où l'on se fait des convictions ; il y a sous ce rapport des illusions, ce n'est pas un groupe où l'on s'amuse à tirer de l'arc, de la carabine ou à faire du foot-ball. Un groupe de la Jeunesse Catholique doit être un centre de formation, on doit apprendre à se conquérir soi-même afin de pouvoir aller après faire autour de soi la conquête de l'âme française.

M. Paturel. — Où commence et où finit le rôle de la *Jeunesse Catholique ?*

L'abbé Tournade. — Où commencent nos droits, j'aime mieux vous dire où ils finissent : nous dévouer jusqu'au bout. Un groupe de *Jeunesse Catholique* n'est pas un groupe quelconque, il faut y être apôtres. D'où il est nécessaire de connaître à fond la doctrine religieuse, l'évangile, le catéchisme.

M. Paturel. — J'insiste sur la question posée, je ne crois pas qu'on y ait répondu.

L'abbé Tournade. — Il ne faut pas et on ne peut pas imposer une ligne de conduite pratique en dehors des lieux et des autres circonstances où se trouve le groupe. Mais il est de toute nécessité que la Jeunesse Catholique soumette ses idées aux curés, surtout s'il s'agit d'œuvres religieuses nouvelles. Je suppose qu'on veuille établir l'adoration nocturne, les jeunes gens vont exposer leurs vœux ; celui-ci juge si la chose est possible *hic et nunc,* et dans ce cas, il se fera une joie d'accéder aux désirs des jeunes gens ; sinon, il les priera d'attendre.

Le Chartier. — Il est une question qui a été oubliée dans le rapport, c'est celle des retraites. Je crois que la retraite, surtout fermée, est la base de la véritable vie chrétienne, je signale ce point au Congrès.

Jean Lerolle. — Je vous félicite, mon cher ami, d'avoir soulevé cette question. Nous regardons comme indispensable pour tout jeune homme chrétien qui veut vivre pleinement son catholicisme, de se retremper de temps en temps dans la retraite. Au nom du Comité général, je vous signale la grande importance des retraites, et je puis vous dire que tous mes amis et moi, qui y avons pris part, n'avons jamais eu à nous en plaindre. On sort toujours d'une retraite parfaitement heureux.

M. l'abbé Janvier (de Rennes) signale le projet de retraites pour le diocèse de Rennes, projet actuellement soumis à l'approbation du cardinal Labouré.

Harscoüet de Keravel. — Les retraites ont encore ce résultat pour la Jeunesse Catholique, qu'après chacune d'elles, des jeunes gens demandent à entrer dans nos rangs.

Lerolle. — Je propose de mettre aux voix les vœux de notre ami Le Chartier.

Le Congrès émet le vœu :

1° Que les aumôniers de *Jeunesse Catholique* prennent l'initiative des retraites pour jeunes gens, là où cette œuvre n'existe pas ;

2° Que les *jeunes Catholiques* se fassent un devoir d'y prendre part ;

3° Que ces retraites soient fermées dans la mesure possible, au moins pour les membres de la *Jeunesse Catholique.*

Ces vœux sont adoptés.

Chantrel. — Il est une chose qui paraît essentielle, c'est la formation individuelle. Un membre de la *Jeunesse Catholique* est d'abord un catholique; avant d'essayer de former les autres, il faut qu'il se forme lui-même. A cette condition seulement, il pourra exercer une saine influence. Pour arriver à ce résultat, il n'est pas de moyen plus propice que la communion fréquente ou tout au moins mensuelle.

Jean Lerolle. — La *Jeunesse Catholique* n'est pas, comme certains le croient, une œuvre de préservation, mais de formation. On ne préserve qu'autant qu'on forme.

Dubois. — Puisqu'on parle de pratique de piété, je signale l'adoration nocturne.

Bertin-Bouvet. — Pourquoi dans les campagnes, n'y aurait-il pas une réunion des membres du groupe, un soir, qu'on désignerait, et pourquoi, tous ensemble, ne ferait-on pas l'adoration nocturne, au moins une partie de la nuit? Dans les villes, les différents groupes de *Jeunesse Catholique* pourraient se réunir également et prendre part à cette veillée d'armes.

Après une courte suspension, la discussion du rapport est reprise.

Le point en question est la *formation professionnelle.*

Aubert, de Brest, rappelle que l'enquête n'a révélé que l'initiative prise à cet égard par le groupe de Pontivy qui a organisé des cours de dessin et de modelage.

Il indique que les cercles socialistes qui possèdent des sociétés sportives ont établi pour les membres de ces sociétés des cours de topographie.

Regnault, de Rennes, insiste sur la nécessité de la formation professionnelle. C'est un devoir pour tout membre de l'A. C. J. F. de travailler à la sienne propre, et, pour chaque groupe, d'aider ses membres à l'acquérir — celui-ci le pourrait par des cours du soir régulièrement faits sur des questions de métier.

Un instituteur libre, de Saint-Méen, recommande à cet égard, comme très utile pour les cultivateurs, le *Manuel d'économie domestique et rurale*, édité par les Frères de Ploërmel. Il est étudié dans plusieurs écoles primaires libres ; il devrait être répandu, conservé et souvent relu.

On aborde ensuite la question des méthodes de travail pour les réunions d'étude.

Robet, de Nantes, expose celle des groupes de Montbert et de Logé (Loire-Inférieure). Une enquête est menée par leurs membres sur une question d'ordre pratique : les résultats de l'enquête font l'objet d'un rapport discuté et terminé par une conclusion précise.

Il mentionne que le groupe de Clisson s'applique à l'étude des articles de journaux, de préférence, des journaux adversaires.

Harscouët de Keravel indique la méthode suivante employée avec succès par quelques groupes de J. C. étrangers à la Bretagne. Un questionnaire est rédigé par les soins du Bureau ou de l'aumônier. Il comporte, sur un sujet déterminé, une série de questions auxquelles on doit répondre par oui ou non. Il est remis à chacun des membres qui doit le rapporter rempli pour la prochaine réunion et expliquer sa réponse : quelquefois des récompenses sont données à ceux qui ont le mieux répondu.

Regnault dit que le Comité provincial de l'Orléanais rédige lui-même des questionnaires. Il les adresse aux groupes de l'Union régionale qui doit les lui retourner remplis. Les sujets exigeant tantôt une enquête, tantôt une étude théorique. Cette manière de faire est fort avantageuse : elle tient en haleine les groupes et procure au Bulletin régional des articles nombreux et documentés.

Harscouët de Keravel rappelle que le Comité provincial est venu en aide aux groupes de l'Union bretonne en mettant au concours entre eux, la rédaction d'un projet de statuts d'un syndicat pouvant fonctionner dans leur paroisse, précédé d'une sorte d'exposé des motifs. Deux prix ont été décernés : le premier, de 20 francs, au groupe de Pont-Croix ; le deuxième, de 10 francs, au groupe de Binic.

Le Comité provincial, quand il le pourra, renouvellera l'expérience.

Un congressiste (de Saint-Brieuc) croit que les groupes trouveraient facilement des sujets d'études — dont ils se plaignent souvent de manquer — s'ils se préoccupaient de connaître plus exactement la situation religieuse et sociale de leur paroisse. Cette préoccupation est même une condition, et, d'une manière générale, tous ne l'ont point eue suffisamment jusqu'ici.

Il voudrait les voir pratiquer des enquêtes locales. Il leur recommande d'utiliser, pour les faire, le plan très clair et détaillé publié dans une brochure intitulée *Memorandum d'enquête territoriale*, expédié franco contre 0 fr. 15, par le Comité Général de l'A. C. J. F. Ils recueilleraient ainsi des renseignements précis, ils sauraient, par exemple, que c'est telle objection qui court contre la religion, que les habitants seraient surtout désireux ou d'avoir du crédit ou de se préserver contre la perte de leurs bestiaux, contre le chômage, la maladie, etc... Sans compter que ces enquêtes habitueraient les membres du groupe à réfléchir, à observer des faits qui leur avaient paru jusque-là trop insignifiants pour qu'ils s'arrêtent à les examiner ; elles leur procureraient des sujets de travaux d'intérêt immédiat. Ce seront : la réfutation de l'objection en cours qui permettra un rappel des principes sur la question, l'étude de l'institution de prévoyance qui pourrait satisfaire les aspirations de la population.

D'autre part, elles détermineraient l'action même du groupe. Cette action consisterait à répandre la réfutation de l'objection, à préparer les esprits, toujours défiants, à l'établissement d'une institution sociale, à rédiger des tracts en tenant compte de l'état d'esprit de ceux qui en deviendraient les lecteurs, à distribuer ces tracts, à organiser des conférences dont il saurait choisir le sujet et indiquer les arguments à mettre en relief et desquelles il pourrait attendre, par suite, un résultat plus efficace qu'un enthousiasme d'une heure.

L'Association a bien pour but *la restauration de l'ordre social chrétien en France*, mais ce but dépasse les groupements qui la composent pris individuellement. Elle n'espère l'atteindre que s'ils travaillent à rétablir cet ordre social chrétien dans leur sphère normale d'action, c'est-à-dire le milieu où ils vivent, leur commune ou leur paroisse.

M. Vallée (de Saint-Brieuc, directeur de *Kroaz ar Vretoned*) demande que les membres des groupes de Jeunesse Catholique étudient la langue bretonne — tout au moins qu'ils apprennent à la lire, — et il les engage à s'efforcer de devenir des conférenciers bretons.

Un congressiste (de Saint-Brieuc) rappelle à ce propos qu'une bibliographie très détaillée, faite par M. Vallée, a été déjà publiée dans la *Jeune Bretagne*. Elle offre ce précieux avantage, c'est que les ouvrages recommandés à ceux qui se proposent d'étudier le breton, sont classés par séries déterminées par l'objet immédiat du but poursuivi. Il émet le vœu que cette bibliographie soit à nouveau publiée par la *Jeune Bretagne*, dans le corps de la Revue, et non dans les feuilles roses qui l'encartent.

On aborde alors la discussion sur la partie du rapport qui a trait aux formes de l'action des groupes.

1° Séances dramatiques :

M. Vallée demande que les groupements de Jeunesse Catholique préparent des séances dramatiques bretonnes. A Pluvigner (Morbihan) et à Pommerit-Jaudy (Côtes-du-Nord) notamment, des essais ont été faits avec succès.

2° Presse :

M. Ruellan (du Nouvelliste de Bretagne) expose des idées générales ; il parle de l'influence de la presse, de la nécessité de favoriser et de répandre les journaux catholiques pour combattre la presse anticléricale.

Le Provost (de Saint-Brieuc) signale la propagande qu'avec quelques amis du groupe de Saint-Brieuc, il a faite pour la « Croix des Côtes-du-Nord. » Après être allés 4 à 5 dimanches successifs vendre le journal, ils ont réussi à créer, dans quatre paroisses, des comités ou des dépôts de la « Croix des Côtes-du-Nord ». Ils ont profité de leurs tournées pour parler de l'Association et ils escomptent la fondation prochaine, dans ces paroisses, d'un groupe de Jeunesse Catholique.

Regnault (de Rennes) dit qu'à lui seul, il a vendu à Saint-Pierre de Montrouge, sa paroisse à Paris, plusieurs milliers d'exemplaires des tracts intitulés « La Séparation » et « Justice ».

Aubert relate qu'à Brest, un très grand nombre de ces tracts ont été vendus par nos amis.

Regnault recommande la propagande de la presse antimaçonnique.

L'heure pressant, la discussion est arrêtée à ce point.

Le Président fait donner lecture par Aubert des vœux formulés par le rapporteur, ces vœux sont mis aux voix et adoptés à mains levées.

La réunion prend alors fin par la prière.

CONFÉRENCE AUX ECCLÉSIASTIQUES

Pendant que le rapport de nos amis de Brest soulève d'intéressantes discussions, le Président Général, accompagné de M. l'abbé Tournade, se dirige vers la salle où doit se tenir la réunion ecclésiastique. Les prêtres, à ce moment, quittent la séance, et suivent Jean Lerolle. On en compte bientôt près de trois cents dans l'appartement mis à leur disposition par M. le chanoine Guillo-Lohan, directeur du cercle Notre-Dame. Les différentes classes de hiérarchie y sont largement représentées : M. le chanoine Morelle, vicaire général ; des séminaristes, des recteurs et des vicaires en grand nombre ; un chiffre respectable de professeurs et deux professeurs d'établissements libres — plusieurs curés-doyens — M. le chanoine Le Goff, archiprêtre de Guingamp ; M. le chanoine Caharel, supérieur du Grand Séminaire ; M. le chanoine Le Pennec, directeur, MM. Le Calvez, Corlouër, de la Villerabel, Gouèzin et Bannier, directeurs au Grand Séminaire, M. le chanoine J. Gadiou, secrétaire de l'Évêché ; M. le chanoine Allo, inspecteur épiscopal ; M. le chanoine Bidan, membre du Chapitre, M. l'abbé Tournade, aumônier général ; M. l'abbé Lucas, aumônier provincial, M. l'abbé Martin, directeur de la *Semaine Religieuse*, etc...

M. le chanoine Morelle ouvre la réunion par la récitation du

Veni sancte. Puis il donne la parole au Président Général. Celui-ci, dans un langage remarquable de netteté et d'élévation, définit clairement le but de l'Association : le relèvement de l'ordre social chrétien en France. Il est apparu à un grand nombre de

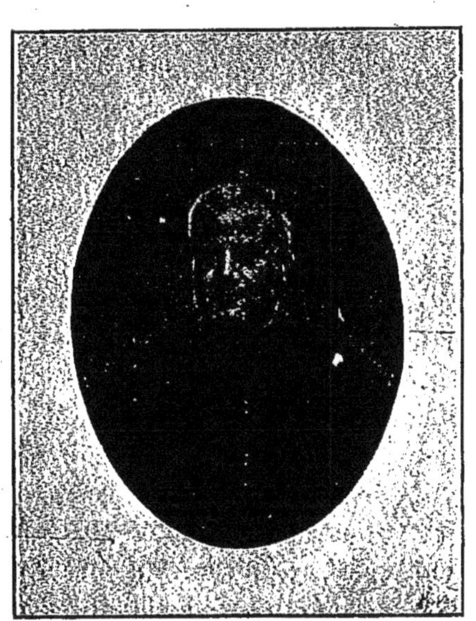

M. l'Abbé Lucas.

laïcs et de prêtres éminents que ce but n'est pas une chimère, puisque la *Jeunesse Catholique* est en voie de l'atteindre par l'emploi des trois moyens bien connus : la piété, l'étude et l'action. Le Président explique comment on conçoit et on applique ces trois moyens à l'Association. Il demande, en terminant, à ses auditeurs de maintenir leurs dispositions et leur attitude envers la *Jeunesse Catholique* s'ils la jugent toujours digne d'être secondée dans son admirable entreprise. L'orateur insiste sur la formation d'une élite dans chaque paroisse.

Quand le Président s'est assis, au milieu des applaudissements de tout l'auditoire, M. l'abbé Tournade prend la parole. L'orateur s'exprime avec beaucoup d'aisance et de clarté. Son verbe porte la conviction dans les esprits et embrase les âmes. A noter le passage de son allocution où il raconte les entrevues successives qu'il eut avec Sa Sainteté Pie X. Il s'agissait de savoir si l'A. J. C. devait garder intact son programme ou lui faire subir certaines modifications. Le Saint-Père interroge longuement, à diverses reprises, l'aumônier général, le priant de lui faire connaître exactement les tendances et le but de l'A. J. C.. Puis il lui dit, en guise de conclusion : « *Tout est bien, il n'y a rien à changer.* »

Après le substantiel et magistral exposé de Jean Lerolle, l'éloquente causerie de M. l'abbé Tournade, il n'est pas un auditeur qui ne sache clairement à quoi s'en tenir sur l'*Association*.

Plusieurs questions sont toutefois posées pour dissiper des malentendus réels ou fictifs.

1º Le reproche à l'Association de préférer pour ses groupes, l'élément intellectuel à l'élément travailleur, populaire, est-il et jusqu'à quel point fondé ? — 2º L'attitude de l'Association, dans les questions de la vie politique, peut-elle être nettement précisée ? — 3º Que penser de l'objection, d'ailleurs de plus en plus rare, que l'A. J. C. a des attaches royalistes ? — 4º Quelle est bien la différence entre le Sillon et la Jeunesse Catholique ? — A ces différentes questions, le Président fournit des réponses qui constituent, pour l'auditoire, autant de solutions satisfaisantes, car elles portent l'empreinte de la précision et de la justesse.

Le thème est riche, l'assemblée désireuse de s'instruire et de s'instruire encore, — mais l'heure implacable, comme la plus stricte justice, vient mettre fin à cette réunion que d'aucuns eussent voulu prolonger au-delà des limites du programme...

LE BANQUET

Conçoit-on un Congrès sans banquet ? Évidemment non.
Aussi notre Congrès eut-il son banquet. On avait pris soin
d'annoncer, dans les circulaires et journaux, qu'on ne recevrait
d'adhésions que jusqu'à concurrence de 650, et voilà 1200 demandes ! Aussi, les très nombreux camarades qui n'avaient pas pris la pré-
caution d'envoyer leur adhésion en temps oppor-
tun se virent-ils refuser l'entrée. Comment faire autrement ?

Les deux salles du Patronage, si grandes qu'elles soient, ont des limites, il fallut les res-
pecter.

Dans la salle du pre-mier étage, sur la scène, se tiennent les invités. Autour de M. le vicaire général Morelle, qui pré-side, nous remarquons

Louis Dubois.

avec le Président Général, Mme Jean Lerolle, portant la Croix de
l'Association sur la poitrine ; Louis Dubois ; M. le chanoine
Bahezre ; l'abbé Tournade, aumônier général ; l'abbé Lucas,
aumônier provincial ; Louis Arnaut ; Am. Robet, de la Jeunesse
Catholique de Nantes ; M. Hervé, de Plaintel ; M. Paturel, de
Saint-Brieuc, etc.

LES CONGRESSISTES EN FOULE.

Au fond de la scène, le grand Christ blanc qui a présidé à tous nos travaux ; dans la salle, plus de vingt drapeaux de nos groupes sont fixés au mur et donnent à la salle un air de grande fête.

Au rez-de-chaussée, durent prendre place ceux qui n'avaient pu s'installer au premier étage. Mais leur peine ne fut pas très cruelle, car ils purent monter entendre les toasts.

LES TOASTS

Jean Lerolle :

Je vous demande, mes chers Amis, de rester fidèles à une tradition, vieille comme notre Association et qui veut que le premier toast soit porté à la santé du Souverain Pontife. Je vous invite à vous lever tous se lèvent et Jean Lerolle pour se faire entendre doit monter sur une chaise).

Bien souvent dans ma carrière de président, j'ai porté ce toast, j'avoue qu'aujourd'hui je le porte avec une émotion très grande, je voudrais que ma voix se fît entendre jusqu'au fond du Vatican. Je voudrais que le Pape vît cette jeunesse prête à le défendre, je voudrais qu'il sentît notre espérance et notre confiance en lui. Oui, nous sommes prêts à obéir à tous les mots d'ordre qui nous viendront. Nous sommes dans la lutte, nous luttons, non pour un parti, mais pour l'indépendance de l'Église, pour faire régner dans notre pauvre société, le Christ, notre seul Maître.

Et dans les événements qui se déroulent nous devons regarder vers Rome, le Pape a dit qu'il parlerait, je ne comprendrais pas l'hésitation. Nous qui sommes la *Jeunesse Catholique*, je vous demande d'être les premiers disciplinés pour défendre nos prêtres. Dans la bataille, soyons disciplinés autour du Pape. Jetons-nous dans l'obéissance.

Qu'on ne vienne pas nous jeter cette épithète de romains, nous avons l'amour de notre patrie, mais on ne sépare pas de nos cœurs l'amour de la religion et de la patrie. Nous voulons réconcilier notre patrie et l'Église. Nous avons eu cette grande vision de la réconciliation. C'était au Vatican, quelques minutes après notre visite, le Pape nous avait bénis, et dans la cour Saint-Damase, midi sonne, Pie X récite l'Angelus ; puis derrière le Pape blanc, un drapeau aux trois couleurs paraît, c'était celui de la *Jeunesse Catholique*, l'auguste vieillard saisissant de sa main les plis du drapeau, l'approcha de ses lèvres et le baisa, puis jetant sur nous un dernier regard il nous bénit.

A ce moment il y eut des pleurs, mais il y eut surtout l'union de la France et du Pape ; puisse cet instant devenir une réalité ! Mes Amis, voulez-vous qu'ensemble nous levions nos verres à ce grand Pape qui s'appelle Pie XI (Une longue ovation est faite au Saint-Père : vive Pie XI vive le Pape !)

Louis Dubois :

A Jean Lerolle,
A l'A. C. J. F.,
A Madame Lerolle,

Il vous souvient peut-être d'avoir lu le trait suivant. C'était pendant les journées de février 1848, une horde furieuse d'environ 5000 hommes, paraissant sortir des faubourgs les plus reculés et les plus indigents do Paris, répandait la terreur sur son passage, incendiant et pillant les monuments publics.

La Sainte Chapelle était fortement menacée.

Parmi la foule en délire, un jeune homme vit tout le danger que couraient les vases sacrés, exposés à un sacrilège certain. N'écoutant que son courage, il se précipita vers la Sainte Chapelle, y pénétra, saisissant alors les vases sacrés il les dissimula sous ses vêtements, et, pour se frayer un passage au milieu de l'émeute, brandissant au-dessus de sa tête la croix d'or du maître-autel, il s'écria : « Peuple, tu demandes d'être régénéré, sache bien que tu ne le seras que par le Christ. »

Un grand silence se fit alors, la révolte sembla reculer devant la Croix.

Tel est le souvenir qui envahit ma pensée au spectacle de ce beau Congrès. Vous aussi, mes chers amis de la J. C., vous avez imité ce jeune homme et vous avez levé bien haut la Croix pour la montrer au peuple avide de plus de justice sociale, de plus de fraternité et de charité chrétiennes en lui criant : « O Peuple, tu n'obtiendras de vraies réformes sociales qu'autant que tu reviendras à l'Évangile. »

C'est donc à vous tous, mes chers camarades, les pionniers du progrès social, que je lève mon verre. Mais c'est d'une façon plus spéciale que je porte la santé de notre général en chef, notre frère à tous : Jean Lerolle.

Laissez-moi aussi boire à vous, les camarades de l'usine, de l'atelier, du bureau ou du magasin, qui n'hésitez pas, après une longue et fatigante journée, à vous rendre, le soir, à votre cercle d'études.

Je suis heureux aussi de lever mon verre en l'honneur de nos amis des campagnes, qui forment la grande majorité de nos groupes, et qui sont la solide ossature de la nation française.

Et tenez, permettez-moi de vous évoquer un souvenir tiré du beau roman de la *Terre qui meurt*, de René Bazin. « Toussaint Lumineau, le vieux fermier vendéen, qui a passé toute sa vie à cultiver la vieille terre de la Fromentière, voit ses fils l'abandonner au moment où il croyait se reposer et leur laisser la ferme. Ses fils n'ont plus confiance dans le sol qui a fait la richesse de leurs aïeux ; ils partent pour la ville, et le vieux fermier reste seul à la Fromentière. Eh bien ! si Toussaint Lumineau avait été assis au milieu de vous, hier, à la séance sur les Mutuelles-Bétail ; s'il avait entendu le rapport de notre ami Lamort, il aurait appris à connaître les maux dont il souffrait, en remédiant à l'isolement par la mutualité. Ne faites pas comme les fils de ce fermier vendéen, n'allez pas à la ville, restez chez vous :

> Oh ! ne quittez jamais le seuil de votre porte,
> Mourez dans la maison où votre mère est morte.

N'imitez pas non plus le Père Lumineau, associez-vous, et au lieu de dire « la terre qui meurt » on dira « la terre qui renaît ».

J'en aurais fini, si en regardant à ma droite, un autre souvenir, et c'est le dernier, ne me venait pas à la pensée. Vous savez tous qu'à Rennes, nous avons un superbe Palais de Justice, vous ne serez pas étonné que je vous en parle, puisque je suis avocat et que je connais à fond sa topographie. Entre toutes ses curiosités, il en est une, c'est la Grand' Chambre où siégeaient jadis les États Généraux de Bretagne. Dans cette salle, on y voit encore une loge suspendue au mur, d'où Mme de Sévigné assistait aux séances du Parlement. Aujourd'hui, mes chers amis, nous tenons les États Généraux de la Jeunesse Catholique Bretonne et nous avons la bonne fortune d'avoir parmi nous une femme, nouvelle Mme de Sévigné, Mme J. Lerolle que je suis très heureux de saluer et qui nous honore grandement par sa présence. (*Applaudissements.*)

L'Abbé Lucas, aumônier provincial :

MES CHERS AMIS,

Levons nos verres à la grande armée des 70000 jeunes catholiques qui couvrent la terre française et sont aujourd'hui de cœur avec nous.

Et puisqu'il ne faut pas séparer l'âme du corps, je lève mon verre en l'honneur de notre vénéré aumônier général, qui évoquait ce matin devant vous ce souvenir ; enfin en l'honneur de tous les aumôniers de la *Jeunesse Catholique Bretonne !*

Ambroise Robet, de la Jeunesse Catholique de Nantes :

FRÈRES DE BRETAGNE,

C'est un Breton de Nantes qui vient vous apporter le fraternel salut de la J. C. de la Loire-Inférieure ! Oui, mes amis, j'ai dit un Breton de Nantes, car si le Comité de l'Union diocésaine Nantaise m'a délégué ici, c'est pour bien affirmer que Nantes, qui fut aussi la cité des ducs de Bretagne, Nantes, qui garde avec fierté leur tombeau, Nantes, qui possède le vieux château de la Reine Anne qui arrachait à Henri IV la fameuse exclamation « Ventre Saint Gris, les ducs de Bretagne n'étaient pas de petits compagnons ! » entend malgré tout rester bretonne !

Oui, les Nantais sont Bretons et tiennent à affirmer leur attachement à la vieille province. Le comté de Nantes fit toujours partie des marches de Bretagne, et quand la Bretagne a fait appel à ses enfants, « Nantes la brette » s'est toujours trouvée au premier rang ; quand il s'est agi de défendre la patrie, les Nantais se sont montrés, au service de la France, dignes de leurs frères de Bretagne. Pour défendre leur foi, ils ont donné l'exemple de la plus indomptable énergie ; et je puis vous dire, non sans fierté, que dans toute la Loire-Inférieure une quinzaine d'inventaires seulement ont pu être faits ; et encore parce qu'alors, nulle part, il n'était question de résistance. Partout ailleurs, devant l'attitude énergique des populations, les agents du fisc se sont retirés après une première visite, sans oser faire appel à la force armée : on a eu peur de la Loire-Inférieure !

Vous le voyez, mes chers Amis, nous sommes dignes de la patrie bretonne.

Et il est une circonstance qui contribue à nous rapprocher : l'Union diocésaine Nantaise, vous le savez, a perdu son Directeur, et si elle ne l'a pas vu sans chagrin s'éloigner, ses regrets ont été bien adoucis, car, s'il nous quittait, il n'abandonnait pas la Bretagne : Mgr Gouraud devenait évêque de Vannes, et c'était un lien de plus entre les Nantais et les Bretons.

Et, si, par un contresens, les circonscriptions ecclésiastiques et administratives nous séparent encore, c'est toujours la même âme qui vibre en nous.

Oui, mes chers Amis, nous sommes Bretons : comme vous, nous croyons à l'esprit provincial, nous croyons que nous n'arriverons au salut qu'en restaurant les vieux cadres et en groupant tout autour toutes nos œuvres.

Aussi, suis-je sûr d'être l'interprète de nos amis de Nantes, en criant avec vous : Bretagne à jamais !

Breiz da Virviken ! (*Applaudissements.*)

Puis c'est le tour de Pierre Regnault ; de M. le chanoine Bahezre, directeur de l'École Saint-Charles, qui boit à la Jeunesse des écoles et à la *Jeunesse Catholique* pour la conception forte et grave qu'elle donne de la vie.

La parole est donnée à notre ami *Connan :*

Mes chers Amis,

Je regrette beaucoup d'être obligé de vous adresser la parole en breton, mais puisque mon Président me l'ordonne, je n'ai qu'à obéir. Je promets d'ailleurs de n'être pas long, et je terminerai en français, de la sorte vous serez tous contents.

CAMARADOU,

Poent' oa deomp sevel hon fen evit diskleria oamp bepred gwir
gristenien ha Bretoned mad. Ac'hanta, eun dra gaer m'eump groet,
rak hiriô enebouren an Iliz 'skrij muioc'h evit biskoaz. Ar Religion' zo
bargaset, ar veleien gwasket; hoant ho deus an Dispac'herien da
laeres hon Ilizou : allaz ! enô int et re-bell. Kat deus dirag'he katoliked
Yaouank dizouj hag unvanet. — Camaradou, ho dont da Zant-Briek
peus diskouezet piou ezoc'h ! Hogen, n'oc'h ket aman evit i hoazi, mes
evit labourat. Me oar mad 've plijadur ho kana, ho dibri, ho iheva
gant ar mignoned, mes n'e ket enô man'n tôl : red ô labourat, labourat
evit ar vad, evit Doue hag al Liberte. — Ar « *Yaouankiz Katolik* »
gourc'heinen déoc'h tri dra : *pedi, deski, ober.* — *Pedi*, da laret ô : dis-
koueza eur Feiz krenv, ha n'e ket ebken er gaer dar beure ha dan
noz, mes en Ilizou, war ar blasennou, dirag ar bobl. — *Deski*, da laret
ô : studia mad hon Religion evit galloud respont d'ar lamponed'ra
goap anezhi. — *Ober*, da laret ô : bezhan er pen-kenta 'n oberou mad,
dihuna ar gristenien morgousket, difenr al liberte. — D'al labour
eta, paulred, ha war-sav *evit Doue hag ar Vro.*

Mes chers amis, je porte votre santé à tous, la santé de la Jeune
France qui se lève ardente, croyante, disciplinée pour la lutte. Mais
pour lutter, il ne suffit pas d'être le nombre, il ne suffit pas d'avoir
l'enthousiasme, il faut encore l'*Union* : l'Union fait la Force. Mes chers
Amis, je vous félicite d'avoir compris cela. Voilà pourquoi vous êtes
venus vous grouper autour du drapeau de l'A. C. J. F., parce que vous
savez que cette association est essentiellement et intégralement sou-
mise à la hiérarchie sacrée de l'Église catholique. Et vous partirez de
Saint-Brieuc tous bien décidés à fonder des groupes dans vos
paroisses, si elles n'en possèdent déjà. Mais, je vous en conjure, que
vos groupes n'aient pas une vie latente, une vie cachée ; que leur vie
soit active, débordante, et si vous voulez que vos œuvres soient prospères, florissantes, soyez les meilleurs chrétiens de vos paroisses.
Croyez-moi, mes chers Amis, vous ne serez considérés, votre groupe
ne comptera dans la vie de la paroisse, qu'autant que vous donnerez
en tout et partout le bon exemple.

Je vous laisse, en terminant, cette pensée très juste, très grave, rendue sous une forme un peu pittoresque.... : *On n'aime pas les cléricaux qui font la noce !*

Charton, boit à l'idéal de la Jeunesse Française !

Jacob, à la Bretagne !

M. Hervé, au drapeau !

M. Paturel, au nom des vieux jeunes !

Arnaut, propose de boire à nos évêques, à nos prêtres !

Enfin, *M. l'abbé Morelle* se lève et dit la joie qu'il éprouve d'être au milieu de nous, il a senti nos âmes vibrer à l'unisson de la sienne et il est tenté de nous appeler : « mes chers camarades ? »

En Famille, 32, rue Hoche.

SÉANCE DE CLOTURE

Il est 3 heures. Une foule qu'on peut évaluer à 4 500 personnes remplit l'immense hall des Aciéries de Bretagne que M. Meunier a aimablement mis à la disposition de la *Jeunesse Catholique* pour la réunion de clôture. Nous le prions de recevoir ici nos remerciements.

Quand les 1 300 Congressistes se présentent, la salle est comble. Chacun se faufile comme il peut. De chaque côté ce sont des grappes humaines, suspendues aux parois des murs.

Une *jeune garde* fait le service d'ordre.

M. Morelle préside sur l'estrade dressée au fond. Il est entouré d'un très grand nombre d'ecclésiastiques et de laïcs qui ont suivi avec assiduité nos séances.

Le T. R. P. Le Doré, supérieur général des Eudistes, arrivé la veille au soir, est à ses côtés.

Après la prière, Louis Dubois présente les excuses de MM. Limon et Ollivier, députés des Côtes-du-Nord, retenus dans leur circonscription par la période électorale.

M. le vicaire général Morelle donne aussitôt la parole à Louis Arnaut, le meunier vendéen.

Discours du Meunier Vendéen.

La Séparation

Lorsque, par les temps de persécution que nous traversons, des gens de cœur, des catholiques militants se réunissent, la première pensée qui fait vibrer leur âme c'est celle des injustices dont ils sont les victimes, de la guerre à mort contre l'Église catholique dont nous sommes les fils dévoués et soumis.

Notre pays a rompu avec une des plus belles traditions, brisant les relations officielles avec le Saint-Siège, les Chambres ont voté la loi de Séparation, dont chaque ligne est un piège pour museler l'Église, ce qui n'empêche pas les blocards de dire que la loi est libérale — et cela vous l'avez entendu — on nous dit que ceux qui défendent leurs églises sont des fous, qu'on doit obéir à cette loi parce qu'elle est la loi, et ces gens qui nous prêchent l'obéissance, quand le Pape défendra de lui obéir, diront qu'il a tort.

Voyons cette loi. Il faut la lire, l'étudier. Et d'abord, il y a un premier principe qu'il faut poser : lorsqu'une loi est contraire au droit naturel ou divin, le devoir commande de lui désobéir.

Eh bien ! cette loi est une insulte à Dieu. Lisons, Article 2. « La République ne reconnaît, ne salarie, ni ne subventionne aucun culte. » C'est la consécration officielle de l'apostasie.

On verra tous les autres États, comme la Russie, l'Angleterre, l'Allemagne, fidèles à leur religion. Seule la France, jadis le premier pays de l'Univers, la fille aînée de l'Église, la France de Clovis, de Charlemagne, de saint Louis, des Croisades, de Louis XIII, de Marie, la France des guerres de Bretagne et de Vendée il y a cent ans, la France des zouaves pontificaux, se ravalera au-dessous des nations les plus sauvages.

Voilà que la République vient nous dire que désormais elle ne reconnaîtrait plus jamais Dieu ! Dieu est biffé de notre vie nationale. La rougeur ne vous monte-t-elle pas au front ?

Au titre V, art. 27, on lit : « Les cérémonies, processions et autres manifestations extérieures d'un culte continueront à être réglées en conformité des articles 95 et 97 de la loi municipale du 5 avril 1884. Les sonneries de cloches seront réglées par arrêté municipal, et en cas de désaccord entre le maire et le président de l'Association cultuelle, par arrêté préfectoral. »

C'est-à-dire qu'on verra dans certaines parties de la France, des processions arrêtées sur le seuil des églises, pendant qu'à côté les drapeaux rouges circuleront en liberté, au chant de la *Carmagnole* et du *Ça ira !* Et quand le maire sera blocard, ces cloches qui ont gazouillé au baptême, qui ont chanté aux grandes heures de notre vie, seront mortes dans leur cage de pierre. Peut-être les entendra-t-on seulement aux soirs d'orgie !

Mais continuons. Art. 28 : « Il est interdit d'élever ou d'apposer aucun signe ou emblème religieux sur les monuments publics, ou en quelque emplacement public que ce soit, à l'exception des édifices servant au culte, des terrains de sépulture dans les cimetières, des monuments funéraires, ainsi que des musées ou expositions. »

On pourra donc élever des statues à Danton, à Marat ; pour le Christ, défense absolue !

Après l'apostasie, c'est la tentative de désorganisation de l'Église de France, de schisme.

On veut nous séparer de Rome, et pour cela le gouvernement se sert d'une arme nouvelle : l'*Association cultuelle*.

Prêtez votre attention. La loi nous dit, que si nous voulons conserver la jouissance de nos églises, il faut former des Associations cultuelles, je veux vous prouver que si l'on désobéit on ne nous prendra rien du tout.

Mais voyez le toupet de l'État qui se met à *tripatouiller* les biens qui ne lui appartiennent pas ! N'est-ce pas pousser assez loin l'insolence ? Je suppose que les Associations se constituent dans une bonne partie de la France, que se passera-t-il ? Cela n'ira pas seul. Nos bons

Louis ARNAUT.

blocards iront aussi pour faire nombre au jour de l'élection et prendront comme membres, non pas les plus blocards, mais des polichinelles dont eux, les blocards, manieront les ficelles, et ainsi l'Association sera dirigée par les pires ennemis du prêtre.

Et, s'il y a une autre Association vraiment catholique, à qui la fabrique devra-t-elle donner ses biens ? Sera-ce au Pape, aux évêques de trancher ? non, c'est au Conseil d'État.

Mais supposons que le Conseil d'État donne droit à l'Association cultuelle catholique, faut-il conclure que tout est gagné ? Si le Conseil d'État est juste au début, ce sera pour nous prendre à l'appât et, 2 ou 3 ans après, les blocards formeront une Association cultuelle soi-disant catholique et prendront la propriété. Cela ira ainsi dans quelques paroisses successivement, pour n'ameuter personne, et doucement ce sera la désorganisation complète de l'Église de France. Bientôt dans nos églises retentiront les maillets et les batteries des Frères .

Après cette désorganisation, c'est le vol. La loi nous dit à l'article 11 que la République ne salarie aucun culte, autrement dit, on ne paiera plus nos prêtres. Vous êtes tous chrétiens et vous croyez tous que nous avons deux vies : une courte, au bout de 40, 50 ans, tout est bâclé ; l'autre éternelle. Qu'importe qu'ici-bas on soit riche ou pauvre, ce qu'il faut, c'est de ne pas manquer son coup. Qui nous montrera notre chemin pour la vie de demain ? qui sera là pour nous assister à nos derniers moments, si ce n'est le prêtre ? C'est l'homme placé là pour nous conduire au paradis. Tandis qu'on rétribue l'agent-voyer, qu'on paie le cantonnier, on refusera le pain quotidien à ceux qui sont là pour nous aplanir le chemin du ciel.

Mais l'État n'en a pas le droit, c'est une dette qu'il acquitte ! Avant la Constitution civile du clergé, ces biens étaient des dons faits aux prêtres, à charge pour eux d'entretenir les écoles, l'assistance publique, etc. Or, à la Révolution, on leur enleva ces biens et on leur donna en compensation une rétribution annuelle ; et voilà que d'un trait de plume, la République vient biffer cela et vous dire qu'elle ne salarie aucun culte. Ou je ne sais plus raisonner, ou c'est le vol manifeste !

Ils nous disent encore : nous libres-penseurs, nous ne nous servons pas des curés, par conséquent, nous n'entendons pas les payer (ils s'en servent bien à la mort). On peut répondre : il s'agit de payer une dette, et quand même la tête du créancier ne plaît pas, la dette existe toujours.

Et puis, nous n'avons pas besoin de vos écoles laïques où nous n'envoyons pas nos enfants. Eh bien ! payez donc vos écoles, nous nous payerons les nôtres.

La loi de Séparation enlève peu à peu à l'Église tous les biens qui lui appartiennent.

1ᵉʳ vol. — Le 9 décembre 1905, quand l'État, en votant la loi, s'est approprié les biens de l'Église, ces cathédrales, œuvres des aïeux, et ces églises de villages élevées péniblement, toutes nous sont ravies par l'État voleur, pour y organiser des cérémonies sacrilèges.

2ᵉ vol. — Le même jour, il s'est emparé de beaucoup de rentes et des biens grevés de fondations pieuses.

3e vol. — Il s'opérera le 9 décembre 1906. L'État mettra la main sur tous les biens de fabrique qui ne se rapportent pas directement au culte. Ainsi, tous les biens donnés pour les hospices, pour les écoles, les séminaires, etc., deviendront la propriété d'un État voleur qui s'empare de tout.

Ces biens, dit-on, seront affectés à des œuvres similaires ; cela veut dire qu'ils auront un but diamétralement opposé.

4e vol. — Le 9 décembre 1907, l'État reprendra la propriété et la jouissance des évêchés, archevêchés.

5e vol. — Le 9 décembre 1910, l'État reprendra les presbytères. Et alors, dans les neuf-dixièmes des paroisses, il faudra trouver aux prêtres une autre habitation.

Enfin, il n'y a pas de date fixe pour reprendre toutes les églises. Comment nous sera enlevée cette jouissance ? L'État ne veut pas tout faire le même jour, alors il a posé des cas où elles seront retirées ; par exemple, voilà une petite paroisse, l'évêque n'a pas de prêtre, la paroisse reste six mois sans pasteur, l'État s'empare de tout. La fabrique ne peut faire, faute de ressources, des réparations importantes, le maire, le mouchard de l'endroit recevra l'ordre de fermer l'Église, etc.

6e vol. — Si l'Association est trop riche, l'État lui prend ce qu'elle a de trop ; si elle est trop pauvre, il prend tout.

7e vol. — Si le curé détourne le but de l'Association (c'est-à-dire si l'État juge que le curé détourne le but), si le curé condamne le divorce approuvé par la loi, il fait de la politique, on ferme son église.

Que restera-t-il donc ? Il ravira tout, et, en fin de compte, il pourra dissoudre les Associations cultuelles elles-mêmes, en vertu des articles 20, 21, 22, 23, et cette fois, que restera-t-il ?

Rien, rien, rien.

Avais-je raison de vous dire que c'était une loi de vol ?

Le gouvernement français le sait bien, mais il comptait sur l'inertie des catholiques. Ceux-ci en avaient plein le dos, et ils le lui ont montré.

Quand il a voulu faire les inventaires, il a trouvé les catholiques debout, prêts à la lutte. Et les blocards viennent dire que c'est une mesure conservatoire pour empêcher le curé de voler les églises ; mais la loi dit : c'est pour transmettre l'Association cultuelle, et quand sera fondée l'Association cultuelle, il viendra s'assurer que tous les biens lui sont transmis, puis, le jour où l'Association sera dissoute, il entrera en possession de ces biens, et l'Association sera volée à son tour.

Si un voleur envoyait à votre domicile prendre l'empreinte de votre serrure, que feriez-vous ? Vous prendriez une trique..., c'est ce qu'ont fait les catholiques.

On prétend que cela n'aboutit à rien ! — Mais si ! On ne fait pas l'inventaire. Par une porte brisée, un voyou (rires) protégé par la troupe, ou si vous voulez, un Monsieur pénètre dans l'église et en dix minutes rédige son inventaire, alors qu'il faudrait deux jours. A quoi tout cela aboutit-il, demande-t-on ? On disait un jour au citoyen ministre Briand : « Que feriez-vous si les Catholiques résistaient ? » Il répondit : « Mais ils cèdent tout le temps. » Ils ont montré que s'ils portaient des calottes ils savaient en donner. (*Rires et applaudissements.*)

Et voilà que le ministère se demande s'il peut continuer la lutte ; et nous ne sommes qu'aux inventaires !

Or, si nous ne formons pas d'Association cultuelle au 9 décembre 1906, on ferme toutes les églises, et comme l'État n'y pourra rien, les Catholiques auront le haut du pavé. Et s'il s'entête, c'est là que nous l'attendons ! (*Vifs applaudissements*).

Voyez-vous l'État entretenant une compagnie de piquet devant chaque église ? Dans ce cas quels seront les maîtres ? Ce sont les Catholiques, et qui allongera un nez long comme ça ? (l'orateur fait un geste avec son bras), ce sera le Gouvernement ! (*Rires et applaudissements.*)

En attendant, nous, Catholiques de Bretagne et de Vendée, nous, de la *Jeunesse Catholique*, attendons la parole du Chef. Il y a, là-bas, un vieillard blanc, désarmé, qui n'en est pas moins obéi aveuglément par des millions de soldats.

En face de la Séparation, nous ferons ce que nous dira le Pape. La Séparation fera l'unité entre les catholiques, elle ne fera fuir que les faux frères. Lorsque la tempête souffle sur l'Église, elle n'enlève que le bois mort, et qui sait si, aujourd'hui, nous ne sommes pas à l'aurore de la victoire !

Nous lutterons jusqu'à la mort pour l'Église de France, mais nous lui rendrons la Liberté. (*Longue ovation.*)

Jean LEROLLE.

Discours de Jean Lerolle.

Notre ami Jean Lerolle succède au Meunier Vendéen. Nous regrettons de ne pouvoir reproduire *in-extenso* le discours prononcé par notre ami. Grâce aux notes prises par quelques-uns des auditeurs, nous avons essayé du moins d'en reconstituer les passages essentiels.

Jean Lerolle veut d'abord remercier les organisateurs du congrès, et notamment MM. les abbés Bannier et Gouezin. « Ils ont été à la peine, dit-il, il est juste qu'ils soient à l'honneur. »

Puis, se tournant vers l'immense auditoire qui se presse autour de lui :

« Vous offrez, mes Amis, un magnifique spectacle. Ah ! je voudrais que tous ceu... qui prophétisent la mort du catholicisme puissent vous contempler, debout dans votre foi ! Ils s'en vont, disant que nous défendons une cause morte, et dis-je, s'apprêtent, sur le tombeau des vieilles croyances, à chanter comme un *de Profundis*, leur odieuse Carmagnole. Qu'ils viennent donc et qu'ils regardent ! Non, non, la truelle n'est pas encore forgée, avec laquelle ils scelleront la pierre du tombeau. »

Mais Lerolle ne s'arrête pas aux félicitations et aux éloges, il va droit à son sujet.

« Arnaut, dans son magnifique langage, vous conviait aux luttes prochaines. Je voudrais vous dire quelle est, à mon sens, cette lutte, et quelle est, dans la bataille, la place de la *Jeunesse Catholique*.
— En 1835, Ozanam écrivait à un de ses amis : « La question qui divise les hommes n'est plus une question de forme politique. » Soixante-dix ans ont passé : la parole d'Ozanam est toujours profondément vraie.
Quoi qu'en puissent penser les politiques à courtes vues, qui s'imaginent qu'un changement de régime suffirait à résoudre le problème de l'heure présente, la question posée devant nous n'est pas une ques-

tion de constitution. La preuve évidente en est que partout elle se dresse, dans notre vieille Europe aussi bien que dans notre République, que dans l'Autocratique Russie, ou l'impériale Autriche.

C'est une question beaucoup plus grave et beaucoup plus haute.

Ozanam disait que c'était une question sociale et il avait raison. C'est même, à proprement parler, la question sociale, je veux dire la question du principe même de la vie sociale.

Ce serait une étrange illusion, en effet, de croire qu'il suffise pour instituer une nation de grouper des hommes et de leur donner des lois. Ce qui fait une nation, c'est avant tout une pensée commune. Et pour ma part, loin de me scandaliser, de voir nos adversaires proclamer la nécessité de l'Unité morale, volontiers je tomberais d'accord avec eux sur le principe.

Oui, pour qu'un peuple se développe et grandisse, pour seulement qu'il puisse se tenir debout, pour que ses éléments restent cohérents, malgré toutes les forces qui tendent à les disjoindre, il faut une pensée commune qui soit au corps social ce que, dans chacun de nous, l'âme est au corps.

Or ce qui aujourd'hui est en question, c'est justement cette pensée, ce principe, cette âme sociale.

Aux peuples comme aux individus, il faut une raison de vivre et une discipline de vie. La société moderne sent ce besoin. Instinctivement, à travers ses erreurs, elle cherche le principe stable sur quoi construire son édifice. Elle cherche, dans les ténèbres, la lumière qui, devant elle, éclairera la route de l'avenir, la force interne qui lui permettra d'accomplir son évolution.

Ce n'est pas moi qui pose ainsi le problème, mais tous les observateurs attentifs, tous les politiques quelque peu sagaces. N'est-ce pas M. Millerand, qui disait l'an dernier à Dunkerque : « La première de toutes les obligations que doive accepter une démocratie est de s'imposer à elle-même une discipline morale. » ?

Or deux voix s'élèvent :

Voix du laïcisme, proclamant la déchéance des vieux dogmes, la faillite du christianisme, et invitant la démocratie à les rejeter loin d'elle comme un fardeau gênant, une vieille gaine qui retient encore ses ailes prisonnières.

Voix de l'Église, qui affirme grave et solennelle, qu'elle est toujours, hier comme aujourd'hui, la maîtresse de vérité, la dépositaire sacrée du principe de vie.

La lutte, quoi qu'on en ait dit et quoi qu'on veuille, est entre ces deux principes. Allons-nous, par une réaction inouïe dans l'histoire, voir la société humaine revenir aux âges passés? Allons-nous voir l'antique paganisme, que le christianisme avait conduit au tombeau, et qui semblait y dormir son dernier sommeil, se réveiller vivant et devenir à nouveau le conducteur des peuples?

Allons-nous, au contraire, assister à un renouveau de vie chrétienne? Toute la question est là, ou du moins, là est la question essentielle.

Ah! l'on peut bien changer les constitutions, on peut bien modifier les lois, on peut bien entasser réformes sur réformes, tant que la question religieuse, qui est le fond de la question sociale, n'aura pas été résolue, on n'aura jamais trouvé que des solutions partielles et provisoires.

Le mot d'Auguste Comte est toujours vrai : « Il faut discipliner les intelligences afin de reconstruire les mœurs. »

> Pour ou contre le christianisme.
> Pour ou contre l'Évangile.
> Pour ou contre l'Église.

Voilà le dilemme, il faut choisir.

Après avoir ainsi défini le conflit qui agite la Société, notre ami précise quel doit être dans la lutte le rôle de la *Jeunesse Catholique.*

« Dans la lutte qui se poursuit depuis plus d'un siècle entre ces deux principes, et dont les batailles présentes ne sont qu'un épisode, notre attitude ne saurait être douteuse.

Nous nous appelons la *Jeunesse Catholique*, c'est dire ce que nous sommes et ce que nous croyons.

Je dis ce que nous *croyons*, et je dis très haut, car nous ne sommes pas de ceux qui ne voient dans le catholicisme qu'une tradition française. J'entendais naguère proclamer qu'il convenait d'être catholique en France, protestant en Allemagne, musulman en Turquie. De telles doctrines sont la négation même du catholicisme. Oui, certes, le catholicisme a été, grâce à Dieu, la religion de nos pères, c'est sous la croix qu'ils ont vécu, c'est sous la croix qu'ils dorment dans les vieux cimetières. Oui, c'est le catholicisme qui a fait la France, c'est lui qui lui a donné son âme, c'est dans l'Évangile et comme sur les genoux de nos prêtres et de nos évêques qu'elle a appris à balbutier; nous savons cela, et nous nous en glorifions. Mais ce n'est pas parce qu'il a été la religion de nos pères, que le catholicisme est aujourd'hui la nôtre, c'est parce que personnellement, comme eux, nous croyons, parce que comme eux, nous avons connu que le Christ est toujours la Voie, la Vérité et la Vie. Ce n'est pas parce qu'ils ont été noircis par l'encens des générations que nous nous agenouillons devant nos tabernacles, mais parce que nous savons qu'en eux réside l'Hostie qui contient « réellement et substantiellement le Corps, le Sang, l'Ame et la Divinité de Celui en qui nous adorons le Verbe de Dieu ».

Eh bien ! croyant ce que nous croyons, persuadés comme nous le sommes de la vérité du christianisme, en face de la foule assoiffée de vérité, en face des problèmes posés devant nous, catholiques, que ferons-nous ?

Notre devoir est tout tracé.

Il y a quelques années, un des chefs des catholiques italiens, le comte Medolago Albani, écrivait : « Ce n'est plus assez aujourd'hui de défendre et de conserver, ce qui s'impose, c'est de marcher en avant et de conquérir. » Volontiers, me tournant vers vous, je vous donnerais le même mot d'ordre.

Il faut « aller de l'avant et conquérir ! » Ah oui, certes ! ne soyons pas les éternels attardés. Il y a des choses mortes et qui ne renaîtront plus, ne gâchons pas notre vie à les pleurer. Ne restons pas, sentinelles inutiles, sur les ruines du passé ! La vie qui coule dans nos veines ne nous permet pas de tels renoncements !

Notre tâche est tout autre, il faut reconquérir à l'idée chrétienne l'âme française.

Reconquérir ! mais comment ?

Je vous disais que la question posée devant nous n'était pas une question politique : ce n'est donc pas à une action politique que je veux vous convier.

Autour de nous il y a une foule ignorante du Christianisme. Elle a tout oublié du vieux *credo* ; elle ne sait plus rien du message que le

Christ était venu apporter et elle s'en va, au hasard, tour à tour égarée et dupée par les mauvais bergers et les faux prophètes.

C'est vers cette foule qu'il faut aller, c'est sa pensée, son âme qu'il faut conquérir.

Or je ne connais que deux moyens de faire cette conquête, ce sont ceux que de tout temps l'Église a employés : *l'apostolat et l'action sociale.* »

****

Mais une telle action, explique Jean Lerolle, doit être préparée. On ne donne que ce qu'on a. Il ne suffit donc pas d'avoir au cœur de la générosité, de l'enthousiasme. Il faut avoir des convictions et des doctrines. Et notre ami insiste sur la nécessité de la formation personnelle par la pratique de la vie chrétienne et l'étude.

« Je ne sais pas, dit-il, si jamais la foi du charbonnier fut suffisante, ce que je sais bien, c'est qu'aujourd'hui elle ne saurait suffire. Il faut que chacun de vous sache justifier sa foi, qu'il soit un catholique conscient, comme il doit être un citoyen éclairé, capable, pour sa part, de travailler utilement au bien commun. »

C'est seulement quand ils se seront ainsi formés, que les membres de l'A. C. J. F. pourront prétendre à une action féconde.

Cette action, elle sera religieuse et elle sera sociale. Jean Lerolle insiste sur ce second point.

« C'est un décret de la Providence, a écrit Bossuet, que pour annoncer Jésus-Christ les paroles ne suffisent pas. » Il faut en effet des actes, des actes qui soient la preuve de la sincérité de votre foi, et la démonstration pratique de la valeur de vos doctrines. Il ne saurait suffire que vous alliez affirmant partout que vous possédez la seule parole de vie. Les hommes à qui vous parlerez vous demanderont autre chose, et ils auront raison. Ils vous demanderont que vous leur montriez cette foi vivante, vivante en vous d'abord, et productrice de vie.

Ne restez donc pas dans vos groupes comme dans des petites chapelles bien closes, à l'abri des vents du dehors. Sortez, allez partout où vous trouverez un auditoire, parlez, enseignez, démontrez, éclairez, mais surtout, ayez une action sociale précise et hardie.

Hardie ! J'ai, en effet, pour vous, pour les catholiques, une haute ambition. Je voudrais que, partout où il y a une injustice, ce fût une voix catholique qui s'élevât pour la dénoncer ; que partout où il y a une souffrance, ce fût une voix catholique qui s'élevât pour appeler à l'aide ; partout où il y a un droit violé, ce fût une voix catholique qui s'élevât pour faire entendre la revendication du droit !

Si ces paroles peuvent étonner certains, je le regrette, mais je les crois profondément chrétiennes et singulièrement opportunes.

L'an dernier, à Lille, Mgr Touchet, après avoir regardé, de son regard d'évêque, notre société, disait : « La société qui subsiste, avec ces situations, est-elle parfaitement juste ? Non. Répond-elle de tous points aux vues du Christ ? Non. » Il était l'écho de la grande voix de Léon XIII, dénonçant les « misères imméritées » du peuple.

Mes Amis, écoutez ces voix qui vous dictent avec autorité votre devoir. Ne laissez pas à d'autres la gloire d'être les champions des grandes idées chrétiennes de justice et de fraternité.

Car ce sont des idées chrétiennes, et nous avons le droit de les revendiquer pour nôtres.

J'entends bien autour de moi d'autres voix s'élever, j'entends M. Jaurès, M. Bourgeois parler de solidarité. Mais, qu'est-donc que cette solidarité laïque ? De quel droit, en vertu de quel principe prétend-elle s'imposer ? Comment fonder la fraternité humaine en dehors de la croyance à la paternité divine ? Toute force tend nécessairement vers son but. Si je ne suis qu'une force matérielle, de quel droit prétendre arrêter mon élan égoïste ?

Nous seuls, chrétiens, qui croyons à l'âme immortelle, qui dans chaque homme voyons un être créé par Dieu, racheté par le sang du Calvaire, nous seuls sommes logiques en parlant de fraternité !

Trop longtemps, en France, les catholiques ont pu laisser croire — certains catholiques du moins — qu'ils avaient oublié la portée sociale du catholicisme ; il est temps que, par une action hardie, notre génération fasse connaître qu'elle entend ne rien laisser dans l'ombre de l'enseignement catholique.

Il ne saurait suffire, cependant, d'un geste hardi et généreux. Le président Roosevelt a écrit : « Nous devons nous garder également de la sentimentalité, de l'envie et de la haine. » C'est en ces matières surtout qu'il convient de se souvenir de la parole du grand réaliste qu'est le Président de la République américaine.

Votre action sociale ne doit donc pas être seulement une revendication hardie des droits méconnus, un plaidoyer généreux en faveur d'un idéal lointain, elle doit être précise, et si vous permettez le mot, constructrice.

Une société est une hiérarchie de fonctions, un ordre. Elle se compose d'institutions ayant chacune sa fonction propre, mais contribuant toutes à l'œuvre générale. Une société chrétienne est une société où ces institutions sont ordonnées selon les principes de justice et de fraternité de l'Évangile.

L'action sociale consiste donc proprement à constituer ou à reconstituer, à défendre ou à fortifier les divers organismes sociaux, afin qu'ils fonctionnent normalement, harmonieusement, avec le moins de heurt possible, en remplissant chacun leur fonction particulière.

C'est dans ce sens que, je le répète, votre action doit être précise : elle doit tendre à organiser, ou à libérer des entraves qui les empêchent de fonctionner, les divers organismes sociaux.

La famille d'abord ! C'est le premier organisme social. Vous revendiquerez pour elle le repos du dimanche, la limitation des heures de travail, la suppression du travail de nuit, la création du bien de famille. Vous créerez pour elle les institutions diverses qui peuvent l'aider dans sa mission : mutualités familiales, retraites, jardins ouvriers, logements salubres, etc.

Vous travaillerez aussi à l'organisation de la profession. Je ne puis tout dire, il faudrait un autre discours pour exposer sur ce point notre programme ; je vous renvoie aux résolutions votées à Châlons. Je ne vous dirai que ceci. Une des causes des misères dont se plaint justement la classe ouvrière est l'individualisme, qui trop longtemps a régné en maître dans le monde industriel. C'est lui qui, en s'opposant systématiquement à tout groupement professionnel, a livré sans défense les faibles à la merci des forts, et a baissé toutes les barrières devant les exigences de la concurrence. Le remède n'est pas ailleurs que dans une organisation professionnelle du travail, groupant en syndicats distincts dans les cadres de la profession organisée, patrons, ouvriers,

Et comme il faut commencer par le commencement, la tâche première qui s'offre à vous est d'organiser, aujourd'hui, partout, des syndicats strictement professionnels, ni clubs, ni confréries, préoccupés uniquement de défendre, avec les intérêts économiques de leurs membres, leur dignité et leur liberté.

Que ce mouvement se généralise, que patrons et ouvriers se syndiquent, qu'entre ces divers syndicats des ententes s'établissent, des contrats collectifs, que des comités d'arbitrage, des conseils du travail s'organisent ; qu'à ces conseils régionaux du travail la loi reconnaisse, avec une existence légale, un certain pouvoir réglementaire, et peu à peu l'organisation moderne du travail s'élaborera, substituant la paix à la guerre, l'ordre à l'arbitraire.

Encore une fois, je ne puis tout dire, je ne puis que dessiner à grands traits le programme qui est le nôtre. Ce à quoi je tiens surtout, c'est à vous montrer dans quel sens, dans quel esprit doit être conduite votre action sociale.

On a jusqu'ici beaucoup parlé : « Assez de discours ; maintenant, des actes »

****

Après avoir ainsi montré ce que doit être l'action de la *Jeunesse Catholique*, Jean Lerolle ajoute que, pour préoccupés que nous sommes de préparer l'avenir, nous ne nous désintéressons pas des luttes du moment. La *Jeunesse Catholique* a montré lors des inventaires qu'elle savait défendre ses droits. Si le malheur voulait qu'un gouvernement sacrilège tentât de mettre la main sur nos églises, la *Jeunesse Catholique* se trouverait tout entière devant les autels. Puis il ajoute :

« Voilà donc l'œuvre qui s'offre à nous, mes Amis ; dites-vous que c'est une œuvre nécessaire et une œuvre urgente.

Comme le voyageur égaré la nuit dans vos landes, qui cherche en vain son chemin, attiré par tous les feux-follets, se heurtant à toutes les pierres, revenant sans cesse sur ses pas, s'affolant d'un buisson, tremblant devant une ombre, jusqu'à l'heure où l'aübe se levant, il se retrouve au carrefour qu'il avait quitté la veille, au pied de la vieille croix de granit que les ténèbres lui avaient voilée, ainsi l'humanité ira, elle aussi, se heurtant à toutes les erreurs, dupée par tous les feux trompeurs, jusqu'au jour où, ces ténèbres s'écartant, elle apercevra la vieille croix qui l'attendait au carrefour des Temps !

Soyez ceux qui déchireront le voile et éclaireront les ténèbres !

Je vous tromperais, si je vous disais que c'est là une œuvre facile, que le succès vous attend demain, que vous n'avez qu'à étendre les mains pour le saisir. Non, non ! c'est une œuvre longue, une tâche ardue. On ne refait ni en un jour, ni en un mois ni en une année, l'âme d'un peuple. Je le sais ; mais ce que je sais aussi, c'est que c'est là l'effort que Dieu vous demande.

Ensemble donc, joyeusement, continuons notre œuvre, sans nous soucier des difficultés, sans compter ni marchander nos peines.

Laissez-moi ajouter un mot : Restez entre vous étroitement, fraternellement unis. Ne connaissez d'autre rivalité que celle du dévouement. Faites l'union aussi avec tous ceux qui, par des voies diverses, à côté de vous, poursuivent le même but. Leur méthode peut être différente, peu importe. Ils sont des catholiques comme vous, ils ne peuvent, par conséquent, jamais être des adversaires.

Nous venons de revivre les jours de la Semaine Sainte. Vous avez relu dans saint Jean la suprême prière du Christ à la dernière Cène. « Mon Père, qu'ils soient un, comme nous un ». Nous sommes, nous chrétiens, les fils de cette prière, les fils de la grande Église catholique qu'elle a enfantés. Comment, par quel détestable égoïsme arriverions-nous à nous diviser, au point d'élever chapelle contre chapelle ?

Vous, du moins, soyez des hommes d'union, et si, vis-à-vis de vous, certains oubliaient la grande loi chrétienne de fraternité, ne vous vengez que par plus de fraternité.

Et puis, malgré tout, quoi qu'il arrive, ayez confiance dans la cause que vous servez. Elle a connu d'autres luttes, elle a subi d'autres défaites, elle est toujours, à l'heure marquée, sortie victorieuse des embûches qui lui avaient été dressées.

Napoléon disait : « Il y a deux forces dans le monde : le Sabre et l'Idée. » Et ce grand conquérant, qui avait manié le sabre comme pas un avant lui, qui avait promené ses drapeaux depuis l'Italie jusqu'à l'Égypte, depuis les Pyramides jusqu'à Moscou, ajoutait : « A la fin le Sabre finit toujours par être vaincu par l'Idée. »

Nous sommes les tenants de l'Idée ; c'est l'Idée qui depuis dix-neuf siècles mène le monde : ayons confiance, ce ne sont pas les petits tyranneaux acharnés aujourd'hui sur elle qui parviendront à l'étouffer.

Notre Président est très vivement acclamé, non seulement par nos amis, mais par 4 000 auditeurs, qui ont prêté une attention remarquable pendant toute cette séance.

M. le chanoine Morelle se lève ensuite, et en termes éloquents félicite les orateurs de tout à l'heure qui, dit-il, nous ont instruits, nous ont conquis, ce qui est souverain.

Il entretient l'immense foule qui remplit l'usine de son découragement, à la vue des blasphèmes restés impunis, mais aujourd'hui, il a confiance ; à l'appel du Pape, il a vu se lever la *Jeunesse Catholique*.

.   .   .   .

Puis le Congrès est terminé. Maintenant, dans la grande salle Meunier, c'est le vide qui se fait, la foule s'écoule lentement, échangeant ses impressions, pendant que la jeunesse se répand à flots dans la cité briochine, attendant l'instant où, disséminés loin des villes, sur notre terre armoricaine, ces ouvriers de la bonne cause s'en iront labourer le sol et jeter à pleine main la semence d'une moisson abondante.

.   .   .   .

Nous avons senti, dans nos âmes, au cours de ces trois journées inoubliables, un désir immense de répandre l'indestructible vie, la vie du Christ dans nos frères.

Dans ces séances de travail, nous avons muni nos cœurs et nos intelligences d'armes pratiques pour la conquête.

« Le moment est venu où, du fond de nos consciences, les choses méditées et les spectacles retenus remontent et affleurent, transformés, unifiés, mêlés d'un peu de nous-mêmes.

Voici donc qu'un grand désir nous envahit, de faire passer en acte ces conceptions nouvelles de notre esprit : l'universelle résurrection nous invite à créer, à notre tour, à donner un corps à ces idées, jusqu'à ces jours cachées en nous, comme la semence dans la terre. Il faut que cette vérité vivante, cherchée et trouvée par l'aide de Dieu dans le silence ami des veillées, se socialise enfin, en prenant l'aspect de la justice...

C'est pourquoi nous élevons vers le ciel nos résolutions d'apostolat, insoucieux des rafales et des tempêtes, sentant tomber sur nos âmes la réchauffante clarté de l'éternel soleil. »

. . . .

Un soir doré, à l'Angelus, tandis que je rentrais par les chemins ombreux du village accueillant, je fus surpris de voir, sur les portes, les marmots rire et battre des mains en levant les yeux vers un tourbillon d'oiseaux qui s'avançaient du côté du midi. « Voici les hirondelles ! » C'était, dans le ciel, comme parmi les bambins, un effarement joyeux. Elles arrivaient en effet, rapides et affairées, petit bataillon tapageur, mais discipliné, fier d'avoir vaincu les périls de la route et bravé les oiseaux de proie... Au faîte de la vieille tour, entre les créneaux déformés, et parmi les bras tordus de lierres encore trop clairs, ce fut tout à coup, sur le fond bleu intense de l'Orient, une couronne harmonieuse et ondoyante ; un instant elles babillèrent, remuantes et enivrées dans la joie du repos et du pays retrouvé. On causait du voyage, sans doute, et on préparait l'avenir ; puis elles se dirent adieu dans un grand cri très prolongé, et, résolument, chacune s'en fut quérir un coin abrité pour y accrocher son nid, apportant sous le toit élu d'heureuses et apaisantes promesses.

Ainsi se groupent et se soutiennent nos jeunesses actives : unis dans la lutte contre les mauvais, nous ne redoutons plus les périls et la grande route ; dans nos Congrès, nous puisons la doctrine, et, prenant pleine conscience de nos forces, nous refaisons nos enthousiasmes ; nos amitiés s'affermissent, nos résolutions se précisent... et puis nous rentrons chez nous, en petites troupes, seuls quelquefois ; alors, nous bâtissons le nid avec nos souvenirs, nos livres, notre bonne volonté, et apportant à ceux qui nous entourent, la jeunesse, le courage, la foi qui ose, nous faisons avancer Dieu dans l'âme de nos frères et dans l'âme de la patrie.

ENTRÉE DU CONGRÈS.

Drapo Franz.

1.

Mignoned iaouank
Boudennet aman ken stank,
Hag eun tol gwenam war eur brank,
Me a zav ma moez da laret gant doujanz :
Zalud da drapo Franz !

2.

D'an drapo-ze loreet
Oc'h ober tro ar bed,
En dorn Napoleon Koz, den brudet.
D'an drapo-ze,
Esperanz on zoudarded,
Fianz ar brolo mignoned
Hag e re d'on enebourien doujan
Ha d'ar bed-oll krenan.

3.

D'an drapo-ze
Hag a ziflap ken zeder
En er,
War helan nerzuz an ezen,
Diwar boez e stagelen,
Hag a luc'h ken joauz
El lagad an heol lugernuz !

4.

D'an drapo binniget
Ken kant gand e lio marelleo :
Ru-tan an arme,
Gwenn-kan graz Doue,
Glaz-glizin an ec !

Le Drapeau de la France.

1.

Jeunes amis
Ici groupés, pressés,
Comme un essaim d'abeilles sur une branche,
J'élève la voix, pour saluer avec respect
Le Drapeau de la France !

2.

Ce drapeau couvert de lauriers
En faisant le tour du monde,
Entre les mains du Grand Napoléon, homme célèbre,
Ce Drapeau,
L'espoir de nos soldats,
La confiance des peuples alliés,
L'effroi de nos ennemis,
La terreur du monde entier.

3.

Ce drapeau
Qui flotte, si joyeux,
Dans l'air,
Au souffle assez fort de la brise,
Soutenu par son écharpe,
Et qui brille, radieux,
Aux rayons étincelants du soleil !

4.

Ce Drapeau béni,
Si joli avec ses trois couleurs :
Rouge de feu comme l'armée,
Blanc comme la grâce de Dieu,
Bleu d'azur comme le ciel !

5.

Ru-tan an arme,
Da ziskoe
E tle ar laouankiz
Skuill he gwad ewid he broiz
Daoust da gomjo milliget
« Hervé » hag e gonsorted.

6.

Gwenn-kan graz Doue,
Da ziskoe
Ar Relijion
A dleomp
Difenn a werc'h-kalon :
« Treitour d'on fe, d'on c'hreden,
Biken !
Kentoc'h mervel war an dacken »,
Da laras on zud koz
Nijet o ineo d'ar baradoz.

7.

Glaz-glizin an ee,
Da ziskoe
Ar bobl vad, hec'h esperanz
Ma vèffomp he rekouranz;
Ma teufomp d'he dishuall,
Deuz dindan damani
Eun dornadig Franmasoned
Hailloned, gaouladed,
O plijadur
Hudur
He zromplan,
He zouellan.
Ewit diframman digant-hi,
An dud kri !
Ar fe, he gwellan peadra
Ken red d'an den hag ar bara !

5.

Rouge de feu, symbole de l'armée,
Pour rappeler aux jeunes soldats
Qu'ils doivent verser leur sang pour leurs compatriotes,
En dépit des conseils maudits
De « Hervé », et consorts.

6.

Blanc comme la grâce de Dieu
Pour symboliser
La Religion
Que nous devons
Défendre de tout cœur.
« Traîtres à notre foi, à nos croyances,
Jamais !
Plutôt mourir. »
Comme disaient nos vieux frères.
Dont les âmes se sont envolées au paradis.

7.

Bleu d'azur comme le ciel,
Pour symboliser
Le bon peuple qui compte
Sur notre secours
Pour être affranchi de la domination
D'une poignée de Francs-maçons,
Gens sans aveu, menteurs ;
Dont le plaisir
Infâme
Est de tromper,
De berner ce peuple,
Pour lui arracher, les gens sans cœur !
Sa foi, son meilleur patrimoine,
Aussi nécessaire à l'homme que le pain !

8.

Potred iaouank, zou ho penn,
Dire des d'an dachen
    Dindan bleglo
     An Drapō !
Laket etre mil friben
Ruillet dre ar vouillen
Drapo ru-gwad ar Franmasoned
Dispac'herien penndallet,
Gourlaūio divroot,
O louc'hal dre ar mejo,
Evel ar frizeo
O c'hoean'n o ivino
Gand eun nozvez reo,
Po o hopal
An « Internationale »
Hag ar « C'harmagnole »
Hep mez, diraz an oll.

9.

Ha kelt ma vo eur vleven war ho penno
Eun dak'en wad en ho kwazio
Eun elven vue en ho kreizo
Difennet ho Trapo !

10.

Mignoned iaouank, Jezuz
Ewid-omp ken madelezuz,
On roue, on Breur, on Mignon,
A c'houlen ma vo livet E Galon
War galon, war bleglo
    An drapo !
E Galon
    Bet ewid-omp,
    Goullet,
Toullet, treuzet
Disponnet, peuzet,
    Draillet,

8.

Jeunes gens, la tête haute
Courez au champ de bataille
Sous les plis
Du drapeau !
Mettez en mille morceaux,
Traînez dans la boue,
Le drapeau rouge de sang des Francs-maçons,
Révolutionnaires aveuglés,
Épaves dépaysées,
Qu'on entend huer dans les campagnes
Comme des chouettes
Qui soufflent dans leurs ongles
Par une nuit de gelée,
Ou qu'on entend vociférer
L'Internationale
Et la Carmagnole
Sans honte, devant tous les passants.

9.

Et tant qu'il vous restera un cheveu sur la tête,
Une goutte de sang dans les veines,
Une étincelle de vie dans la poitrine,
Défendez votre Drapeau !

10.

Jeunes amis, Jésus
Pour nous si bon,
Notre Roi, notre Frère, notre Ami,
Demande que son cœur soit peint
Sur le cœur, sur les plis
Du drapeau ;
Son cœur,
Pour nous,
Couvert de plaies,
Percé, transpercé.
Déchiré, lacéré,
Haché,

Bruzunet, Merzériet,
E Galon, kaer evel an heol da greiste,
O strinkan flamm ar garante.

II.

Mignoned, mar keromp, ze digoeo
    Eun de,
Dre zikour Doue,
    Pa baro
En bolz glaz an envo
Gwir heol al « Liberté »
An « Egalité » hagar « L'raternité ».
Pa Glevfomp o tregerni,
    Oc'h ekleoi,
O vouboual dre on zraoulenno,
On c'hoapo don, on menelo,
    Zeder ha zart,
    Ar « Savoyade »
Kloc'h braz « Montmartre »,
D'embann' vo zinet ar frankiz
Gand on Mamm Zantel an Iliz.
Mignoned, da c'hortoz, gand esperanz,
En em voudomp ouz Drapp Franz
Ha stourmomp bete maro
« Evid Doue hag ar vro » ?

EUR MIGNON.

Emietté, martyrisé ;
Son cœur, beau comme le soleil en plein midi
En dardant les flammes de sa charité.

II.

Amis, si nous le voulons, ce désir se réalisera
Un jour,
Avec l'aide de Dieu,
Quand luira
Dans la voûte azurée du ciel
Le véritable soleil de Liberté,
D'Égalité et de Fraternité.
Quand nous entendrons retentir,
Envoyer ses échos,
Bourdonner dans nos vallées,
Nos forêts profondes et nos montagnes,
Gaie et joyeuse,
La Savoyarde,
La grande cloche de Montmartre,
Pour bénir la liberté
Accordée à notre Sainte Mère l'Église.
Amis, en attendant, pleins d'espoir,
Groupons-nous autour du drapeau de la France,
Et luttons jusqu'à la mort,
« Pour Dieu et pour la Patrie » !

UN AMI.

RENNES, IMPRIMERIE FR. SIMON, SUCC' DE A. LE ROY

IMPRIMEUR BREVETÉ